D1629311

GÜTERSLOHER VERLAGSHAUS

UWE STEIMLE

Heimatstunde

NEUES VOM ZAUBERER VON OST

GÜTERSLOHER VERLAGSHAUS

Bibliografische Information der Deutschen Nationalbibliothek
Die Deutsche Nationalbibliothek verzeichnet diese Publikation
in der Deutschen Nationalbibliografie; detaillierte bibliografische
Daten sind im Internet über https://portal.dnb.de abrufbar.

Verlagsgruppe Random House FSC-DEU-0100
Das für dieses Buch verwendete FSC®-zertifizierte Papier *Munken Premium Cream* liefert Arctic Paper Munkedals AB, Schweden.

1. Auflage
Copyright © 2013 by Gütersloher Verlagshaus, Gütersloh,
in der Verlagsgruppe Random House GmbH, München

Dieses Werk einschließlich aller seiner Teile ist urheberrechtlich geschützt. Jede Verwertung außerhalb der engen Grenzen des Urheberrechtsgesetzes ist ohne Zustimmung des Verlages unzulässig und strafbar. Das gilt insbesondere für Vervielfältigungen, Übersetzungen, Mikroverfilmungen und die Einspeicherung und Verarbeitung in elektronischen Systemen.

Umschlagmotive: © Uwe Steimle
Druck und Einband: GGP Media GmbH, Pößneck
Printed in Germany
ISBN 978-3-579-06626-4

www.gtvh.de

»DEN NENN ICH IN TIEFSTER SEELE TREU,
DER DIE HEIMAT LIEBT WIE DU ...«

Theodor Fontane

DAS ERSTE BUCH ZU 25 JAHREN KEHRE.
HEISST 5FACHE PLANERFÜLLUNG!

Inhalt

Vorwort 9
Trost 10
Wie ich Theodor Rosenhauer nicht begegnete 15
Wasch dir die Hände 18
Wenn der Eismann zweimal bimmelt 22
Wohlgemerkt: Wasserstangeneis 30
Fettbemmen 35
Physikprüfung in Klasse 10 37
Mein erstes Fahrrad 40
Tanzstunde 43
Mein Sehnsuchtsort in Sachsen: Maxen 47
Joseph Freiherr von Eichendorff, Mondnacht 50
Vom Rahmen 51
Lisa 54
Mein Vati 57
Zockeruli 62
Mein Traum 71
Als ich Kurt Böwe kennenlernte 75
Wir sind nicht mehr Papst 88
Der neue Papst ist Argentinier 91
Tschechenkaugummi auf dem Polenmarkt 93
Schon vergessen 97
Auf der Mangel – In die Mangel – Durch die Mangel 99

Elbe an die Börse **104**
Die Görlitzer Jesusbäckerei **107**
Die altersmilde Ackermilbe **111**
Meine Heimat BRD **115**
Urlaub an der Ostsee **120**
Träumerei **122**

Curt Querner: Heimatbilder **125**
Biografie **126**
Kinderporträt **129**
Die Gasse **131**
Im französischen Gefangenenlager 1946 **134**
Bunte Sommerkipse **137**
Weibsaltar **139**
Kinderfasching 1939 **142**

Hören Sie es riechen? **145**
Ein Original Dresdner Stollenrezept **168**
Annäherung ans Nachwort **170**
Nachwort **171**

Bildnachweis **174**

Leseprobe: Laternenanzünder **171**

UWE STEIMLE, JAHRGANG 1963, WURDE 50 IN DIESEM JAHR. ER GILT ALS SCHWIERIG, UNBERECHENBAR UND IST EIN QUERULANT. UND NUN SCHREIBT ER WIEDER.

Vorwort

»Schwierig – unberechenbar, ein Querulant.«
Na, wer hat das gesagt? Der Politoffizier in der NVA oder Volker Herres, (noch) ARD–Programmdirektor, oder ist es am Ende die Sprache des Dritten Reiches, wie Victor Klemperer in seinem LTI schrieb? Auf jeden Fall sind es 3 Seiten ein und derselben Medaille.
Und er schreibt wieder. Steimle, der Schwierige, Unberechenbare, Querulant. Über Curt Querner (ebenfalls Querulant), Rosenhauer (schwierig) und Äppelmüller (unberechenbar).
Dresden ist Steimles Heimat. In diesem Buch wird wieder die kleine Geschichte zur großen. Das Evangelium ist dabei immer der Mensch – und egal ob Böwe, Schlehdornenbusch, Stangeneis oder Curt Querners geniale Akte (Frauen): Überall wird Alltag zum Fest. In der Jesusbäckerei zu Görlitz, in der es Bomben erst wieder zu Weihnachten gibt, dafür aber Eichhörnchenschwänze in Schokolade getaucht werden, an Ostern. Ja, ja, im Mittelpunkt des Menschen steht die Sorge, Leben ist unberechenbar, oft sogar unfassbar. Steimles Heimatstunde will ein Almanach der Zeitgeschichte sein. Heute hier in unserem Land sehnt man sich nach allseits gebildeten kapitalistischen Persönlichkeiten. Nach Menschen mit Ecken und Kanten, die aber bitte rund. Mit Steimle ist das nicht zu machen, er hat nunmehr gleichlang beide Systeme erlebt und kommt zu dem Schluss: »Bitte lesen Sie selbst!«

Wäre die Erde eine Bank, sie wäre längst gerettet!

Trost

Und ist es nicht so, dass nur allein der Trost uns alle weiterleben lässt? Ohne Trost spürst du doch gar nicht: Du bist nicht allein. Sie melden Widerspruch an, wollen nörgeln, murren, zweifeln? Warten Sie, bitte nur einen kleinen »Momang«, wie der Sachse sagt. Gleich, jetzt und hier, sofort erkläre ich es Ihnen. Was ich meine mit: »Trost ist das Leben«.

Immer wenn das Thermometer unter 0 °C fällt, immer wenn winterliche Kälte, eisige Minusgrade nach dem Herzen greifen wollen, erinnere ich mich. Als ich ein kleiner Junge war – ja, ich war ja auch mal klein, lange im vorigen Jahrhundert, aber schon in den 70ern – da passierte es. Entweder wurde ich gleich krank, also kurz vor Weihnachten, spätestens aber in den Ferienspielen »erwischte« es mich. Ja ja, so war das in der Systemzeit. Fieber am hellerleuchteten Tag. »Uwe, es nützt nischd, wir müssen zum Dr. Hofmann. Beeil dich bitte, ich muss dann noch auf Arbeit – Weihnachten einarbeiten!« Weihnachten einarbeiten. Ist das ein Satz. Weihnachten konnte nur gefeiert werden, wenn vorher geschuftet wurde. Von wegen frei! Der Heiland erschien? Er schien aber nur zu kommen, wenn vorher was geleistet wurde. Tja, so war das in der Nichtleistungsgesellschaft. Ohne Fleiß kein Weihnachtspreis. Na und wenn dann noch Eins krank wurde, kurz vor Heiligabend, wenn man den halben Tag noch einarbeiten sollte, wollte, musste und Eins sich unterstand, krank zu werden in der eiligen Familie, war das – na was wohl? – Sabotage. Krank sein war Sabotage. Dazu noch der Vorwurf: »Uwe, hättest du deinen Anorak zugemacht, die Mütze aufgesetzt oder wenigstens den Schal richtig zugebunden, wärst du nicht krank geworden und ich könnte jetzt in Ruhe arbeiten gehen.« Ja, meine Mutti hatte nur auf Arbeit ihre Ruhe. Also ich war, wie gesagt, selbst Schuld und dazu noch krank. Mit Fieber beim Dr. Hofmann im Wartezimmer, das war alles andere als tröstlich – und dann noch kurz vor Weihnachten, wo Mutti doch gern einwecken, äh einarbeiten wollte. Also Beeilung.

Ich mach es jetzt kurz. Nach gefühlten drei Stunden im überfüllten Wartezimmer begrüßte mich Dr. Hofmann sehr freundlich mit einem kurzen »Mach mal A«. Mit einem riesigen Holzspatel, der so trocken war und auch holzig schmeckte, dass ich dachte, ein ganzer Wald nehme Platz im verharzten Mund, lachte mich der Doktor an und meinte nur noch trockener: »Tja, die Mandeln sind vereitert, die müssten raus.« »Ja, aber nicht heute, ich muss auf Arbeit«, bettelte meine Mutti. »Na dann, Uwe, gibt's eine Penizillinspritze und in zwei Tagen sehen wir uns hier wieder. Viel trinken, ja und schön schwitzen.« Schön schwitzen. Was war denn das? Gleich sollte ich es erfahren. Etwas humpelnd, die Penizillinspritze tat immer noch weh in der rechten Pobacke, humpelte ich gen Bett zum Schönschwitzen. Im Schlafzimmer meiner Eltern war der mir zugewiesene Teil hinter dem Schlafzimmerschrank, auf welchem sich 13 große Dresdner Stollen befanden und mich mit weihnachtlichem Duft trösteten. Wonach es vor allem roch? Nach Mandeln. Meine mussten ja bald raus … Ich höre heut noch, wie Dr. Hofmann im Beisein meiner Mutter und mir natürlich beschwörend flüsterte: »Ich knaps die Mandeln ab und veröde sie dann gleich. Heiß machen wir das, ganz heiß. So, dass es der Uwe gar nicht groß merkt. Stimmt's?« Und dabei lachte er und freute sich diebisch. »Schau mal, Uwe, das ist eine Mandelzange. Und wenn die einmal raus sind, hast du nie wieder Ärger damit.« Horror und verblüffende Logik, und ich dachte nur: Ab jetzt setz ich immer meine Mütze richtig auf, zieh sie über beide Ohren, erwürge mich fast mit dem Schal. Denn wie sagte Mutti immer: »Obenrum muss alles zu sein. Und den Anorak lass ich auch nicht mehr auf.« Ha, ha – genau die drei Sachen waren keine Faulheit oder Nachlässigkeit. Sie waren Widerstand, Opposition. Ich wollte lieber krank sein, von mir aus halb tot, nur nicht wie meine Eltern. Meine Mutti trug unter ihrer gehäkelten Wollmütze noch eine Cellophantüte über, nein, unter dem Dutt. Dann lieber ganz tot mit unabgeknapsten Mandeln, heiß verödet. Höllen sind das, Kinderhöllen.

Hinter dem Schlafstubenschrank hustete ich mich schwach und schwächer. Dann kam die eigentliche Prozedur, weswegen ich meine Krankengeschichte überhaupt zu Papier bringe. Da ich nicht nur Schnupfen, dicke Mandeln und Fieber hatte, sondern es auch noch auf den Bronchien, rückte meine Mutti mit einer geheimnisvollen Truhe an, drehte den Schraubverschluss ab, und augenblicklich verzog sich der Mandelduft der Weihnachtsstollen und meine Brust ward eingerieben mit... Pulmotin… Pulmotin, eine Zauberformel für alle gelernten DDR-Bürger. Riechen Sie es? Auch Ihr Zimmer, Ihre Umgebung jetzt und in diesem Augenblick, ist geschwängert mit einer Wolke aus nach Kampfer riechendem Pulmotin. Das war die Zauberformel für: wieder gesund werden können.

Der Mandelduft verzog. Kampfer deckte ihn milde zu. Deshalb spreche ich von Trost. Trost durch Erinnerungsgeruchskultur. Pulmotin ward nun zentimeterdick aufgetragen, eingerieben. Ich schwamm regelrecht darin und aus meinen Augen liefen mir Tränen ins Gesicht. Mutti meinte nur: »Musst doch nicht weinen. Bald wirst du gesund.« Es war der Kampfer und das scharfe Eukalyptusöl, welches mir Tränen bescherte, und also gleich gelangte eine riesige Wattelage auf meine gar nicht stolz geschwellte Brust, und wieder tröstete Mutti: »Musst doch nicht weinen, Lommel. Bin doch da...« Nun ging es aber richtig los: »Uwe, wo ist dein Fieber-Nachthemd?«»Du meinst das angeraute?«»Aus Barchent. Genau das meine ich. Anziehen bitte.« Es war so schön warm geworden unterm Deckbett. Nun also nochmal raus. Wir bitten festzuhalten: Ich, seit eineinhalb Tagen fiebrig. Deshalb gab es auch ohne viel Federlesens eine Spritze Penizillin in die rechte Pobacke. Ich konnte kaum laufen. Übrigens, wenn nach kurzer Zeit der Impfstoff nicht anschlug: noch eine Penizillinspritze, diesmal links. Entweder du hast es überlebt und die Widerstandskraft wurde geschult, gestärkt für die große Hauptaufgabe oder aber...? Dann, wie gesagt, die große Abreibung – äh Einreibung. Noch heute scharre ich mich manchmal blutig im Traum. Warum? Warum?

Unter das Fieber-Nachthemd, welches ausschließlich und nur zu diesem Zweck anzuziehen war, dem Ausschwitzen – noch heute höre ich Mutti rufen aus der Küche: »Das muss alles raus!« Unter das Barchent-Fieberhemd gehörte noch der alte, eklige kamelhaarfarbene Schafwollkratzeschal. Ich bin gleich wieder krank! Und nix da mit Kaschmir.... Stellen Sie sich doch bitte vor, ich, Uwe Steimle hätte 1973 meiner Mutti zugerufen: »Mutti, du, dieser alte Kratzeschal, der ist eklig. So etwas sieht mein Lebensentwurf zurzeit nicht vor. Ich plädiere für Kaschmir.... « Spätestens da wäre ich tot. Da mir dieser Mut aber fehlte und ich bereitwillig den gekreuzten Schal auf die dicke Watteschicht legte, ich schwitze gleich, nur vom Erzählen, rückte Mutti mit einer Sicherheitsnadel an und fixierte den gekreuzten Schal. Und ich, der ich ja gesund werden sollte und völlig geschwächt mit dem Fieber kämpfend unter einer dicken Bettdecke dämmernd fror vor lauter Fieberhitze, dachte nur: Herr, hoffentlich schlafe ich nicht ein. Denn wenn ich mich zur Seite rolle und die Sicherheitsnadel springt auf und sticht mir ins Herz, dann bin ich tot, bevor ich gesund wär. Amen.

Wie ich Theodor Rosenhauer nicht begegnete

Ich kann Ihnen ganz genau sagen, wann ich Theodor Rosenhauer das erste Mal traf. Es war im Dresdner Brettl auf dem Theaterkahn während der Vorstellung von Hundeherz, einem Stück von Michail Bulgakow. Im Februar 1993. Nein, am 23. Januar 1993. Also heut vor 20 Jahren spielte ich wie ein Besessener halb Hund, halb Mensch. Im Zuschauerraum saß ein Maler, ein Meister. Ein Meistermaler, kein Malermeister – und studierte offensichtlich etwas, was ihm sehr vertraut war. Sportlichkeit zum einen, als Hund musste man äußerst beweglich, schnell, wendig, kurz: tierisch sein, und die Schauspielerei kannte Theodor Rosenhauer aus Radebeuler Zeiten. Er war mit Gründgens bekannt und liebte das Schauspiel. Und nun sitzt da einer der größten, besten, aufrichtigsten und bescheidensten Dresdner Maler und guckt im Januar 1993 Steimle. Das alles wusste ich aber zu diesem Zeitpunkt noch nicht… Wie auch? Ich kannte nicht einmal den Namen dieses Malers, den größten Sohn Trachaus. Nach der Vorstellung kam Friedrich Wilhelm Junge wie von der Tarantel gestochen in meine Garderobe geschossen und rief mit sich überschlagender Stimme: »Uwe! Uwe, weißt du, wer draußen auf dich wartet und unbedingt mit dir sprechen möchte?« »Nein, das weiß ich nicht«, antwortete ich, erschöpft von schöner Arbeit.

Fiete, einem Infarkt nahe: »Na Rosenhauer«.

»Wer?«

F.: »Rosenhauer.«

S.: »Kenn ich nicht. Rösenlöcher meinst du?«
F.: »Mensch, bist du so blöd oder tust du nur so? Rosenhauer ist einer, wenn nicht überhaupt der beste Maler Dresdens.«
S.: »Ich ... Aha. Und der will mit mir reden? Fiete, das ist ja alles prima und ich freue mich auch, wenn er mich sprechen will. Nein ehrlich, ich freu mich. Aber ich muss heim. Erstens bin ich erschöpft. Zweitens muss ich zu meiner Familie. Und wie du weißt, bin ich mit dem Fahrrad.«
Fiete ließ nicht locker.
F.: »Wieso muss ich als Schweriner dir einen bedeutenden Maler nahe bringen? Spinnst du? Dieser Rosenhauer ist scheu, fast schüchtern. Geht kaum aus dem Haus, ist über 90, kommt her, kämpft sich durch, auch gegen alle Widerstände, will mit dir sprechen und du sagst... ›Ich muss heim. Danke.‹ Uwe, du bist – verzeih mir – ein Idiot.«

Nun fühlte ich mich doch angegriffen, gekränkt und antwortete, ich weiß es wie heute:

»Fiete, das kann alles sein. Ich weiß, es ist schlimm meinerseits. Aber sag ihm, dem Herrn Rosenhauer, herzliche Grüße. Ich danke für das Interesse. Komme auf ihn zu demnächst. Alles, alles Gute – aber ich bin müd.«

Meine persönliche Begegnung mit Trachaus Wundermaler – ja, Wundermaler – fand nie statt. Bitter, furchtbar, aber und vor allem nicht wieder gutzumachen.

Ich könnte mich heut noch ob meiner Dämlichkeit, Faul- und Trägheit verdreschen. Wie kann man so empfindungslos, arrogant, halbherzig und floskelhaft sein?

Sie sehen – ich kann. Konnte.

Lieber Theodor Rosenhauer, es tut mir sehr, sehr leid. Ich bitte dich aufrichtig um Entschuldigung.

Ja, an solcherlei Geschichten denk ich, wenn ich Theodor

Rosenhauers Brotbilder betrachte. Er wohnte auch in Alt-Trachau, war aber viel älter als ich. Er konnte Brote so auf die Leinwand zaubern, dass einem das Wasser im Munde zusammenlief nur beim Betrachten von Brot.

Sie kennen doch auch den sinnigen Spruch »Wurst geht nach Brot«. Hier war es der Künstler, der im wortwörtlichen Sinne dem Brote nachging. Für ein gutes Brot verfolgte er gar manche Spur, ums malen zu können.

Wasch dir die Hände

Wasch dir die Hände, mein Junge. »Wasch dir die Hände«, wie oft hören Kinder eigentlich den Satz? Ja, aber mit welchem Erfolg? EHEC lässt grüßen. Sie erinnern sich, liebe Leser? Ägyptische Bockshornkleesamen sorgten für den beinahen Rohkostsupergau in Deutschland. Nach Vogelgrippe, Rinderwahn und Schafskälte – äh Schweinepest – nun also Gurkenseuche? Blattsalat erwartet uns als nächstes in der Verbraucherkette? Ich sag's Ihnen: Schuppenflechte, ja, Schuppenflechte bei Fisch ... Lass ich mir gleich patentieren. Deswegen, und für den, der in Kindertagen nicht Hände wusch, oder nicht oft genug, oder bis heute nicht dazu kam ... für alle ungewaschenen Erdenkinderhände nun ein Lied:

> »Wasch die Hände, mein Kind, zieh die Hausschuhe an, beim Essen Hand auf den Tisch und wasch die Hände nochmal. Und: Pack die Brotbüchse aus. Ach, wasch die Hände nochmal. Ich sag's jetzt nicht noch einmal. Denn sonst, da setzt es jetzt was. Du schläfst jetzt schnell ein, mein Kind. Und zieh die Hausschuhe an – äh – aus. Ich wünsche dir gute Nacht und morgen früh: Da wasch die Hände erst mal.«

Dies kleine Lied erfand ich zusammen mit meiner Tochter Nina, als es grad mal wieder um »Erziehungsfragen« zum Thema Händewaschen ging. Sie hatte seitdem nie wieder was in »Sachen« Hände.

Als ich unlängst den Fernseher anschaltete, empfing mich

ein ARD–Händewaschexperte mit folgendem Ruf: »Experten warnen: Man soll blutigen Stuhl nicht auf die leichte Schulter nehmen.« Verzeihung? Ich nehm nicht mal harten Stuhl auf die leichte Schulter, geschweige denn weichen. Schluss jetzt. Das ist ja kein Buch mit Banalverkehr, also trivial literativ oder so… Auf jeden Fall und unbedingt aber: medial. Medial aufbereitet wird gerade das Ende des Gaddafi-Regimes und die 60 Watt-Glühlampe. Sie fragen, was das eine mit dem anderen zu tun hat? Eine ganze Menge. Denn mit der Einführung der neuen Sparlampen werden diese teurer. Ja, Sparen kostet, was glauben Sie denn? »Seltene Erden« heißt der Zauber und da hat vor allem China die Hände drauf. Um das Kräftegleichgewicht wiederherzustellen, musste Libyen unter Kontrolle gebracht werden. Außenminister Westerwelle musste sogar die Vertrauensfrage stellen. Ja, weil er gegen den Krieg war und damit wahrscheinlich auch indirekt gegen die Abschaffung der alten Glühbirne. Und sonst so? Heute ist Weltfriedenstag… In nicht einer deutschen Zeitung ein kleiner medialer Hinweis auf dieses wichtige Ereignis. Sie finden das merkwürdig? Aber nein, nicht doch. Es herrscht doch Krieg. Da muss man an den 1. September 1939 nicht erinnern. Womöglich zieht man noch Vergleiche. Damals musste der Überfall auf den Sender Gleiwitz herhalten, um den 2. Weltkrieg auszulösen. Und heute, am 1. September 2011? Werden Energiesparlampen teurer … Haltet den Dieb! Er hat mein Messer im Rücken! Bevor Ihnen hier ein Licht aufgeht, wollte ich nur noch am Rande bemerken: Die neue Brücke in Dresden wird mal wieder teurer. Ja, 156 Millionen für 10 Brücken – äh, eine Brücke – reichen nicht aus. Nochmal 25 Millionen drauf, wenn sie fristlos, fristgerecht fertig werden soll. Die Baufirma könnte den geplanten Termin Mai 2012 schaffen, müsste dazu aber mehr Arbeitskräfte einstellen, die dann auch sonnabends arbeiten. Na, ein Glück, dass wenigstens Energiesparlampen weniger Strom verbrauchen. So gleicht sich alles aus am End… Ursprünglich sollte die neue Brücke am 11. September 2013 fertig sein … Nein ernsthaft. Das war mal avisiert – vor einem Jahr. Und schon wieder haben wir Glück, nicht mehr in der Planwirtschaft zu leben. Sonst hätten vielleicht afghanische Übergangsaufständische, also Terroristen, das Monstrum an eben diesem 11. September … Ich wage gar nicht weiterzudenken. Befinden sich Waffen in den Händen von Menschen, die die Werte der westlichen Demokratie verteidigen, sind diese Waffenträger. Kämpfer. Rebellen. Aufständische, da sie ja unser Öl verteidigen. Kämpften sie jetzt auf der Seite von China, Russland, Indien, wären dieselben Menschen Terroristen. Wir befinden uns schon auf seltenen Erden. Eine Frage noch zum Schluss dieser meiner Gedanken am Weltfriedenstag des Jahres 2013: Wie kommt überhaupt unser Öl nach Libyen?

Würde jeder Millionär 5 Prozent seines Geldes abgeben, wäre Deutschland schuldenfrei … Das Schlimme an diesem Zustand ist doch, dass wir all das wissen, die meisten jedenfalls, und trotzdem ohnmächtig, verlassen, handlungsunfähig ob dieser Ungerechtigkeit zu Gott aufblicken und schreien möchten: »Herr, tu etwas!« Warum nutzen, benutzen viele geistig Überlegene ihren Verstand nur, ihren materiellen Wohlstand, ihren Reichtum zu mehren? Ich denke: Geben ist seliger denn Nehmen? Dass die Klugen, Intelligenten die Armen, Schwachen so vorführen, ausnutzen und im Endeffekt betrügen, ist der eigentliche Skandal, der auch noch durch die parlamentarische Demokratie gedeckt wird. Ich bitte Sie, wie viele Rechtsanwälte sitzen im deutschen

Bundestag? Über 150. Und wie viele Arbeiter? Einer, das ist Roland Pofalla. Der ist Tischler. Dieser Mann wird einem ja fast wieder sympathisch. Nein, nein: Ich bleibe dabei. Die DDR war ein Unrechtsstaat, in dem es aber auch Gerechtigkeit gab. Und wir hier? Leben in einem Rechtsstaat mit viel Ungerechtigkeit. Amen. Was denkt ein Ossi, wenn er 100 Euro in der Jacke findet? Das ist nicht meine Jacke. Dass die Volksstimme, der Volksmund solche Sätze ausspuckt, gibt Anlass zu Sorge ... Nein, zur Hoffnung. Denn die Hoffnung stirbt zuletzt. Aber sie stirbt.

Wenn der Eismann zweimal bimmelt

Mir träumte vom Eismann im Sommer. 1967 kam er noch, brachte Stangeneis, wohlgemerkt Wasserstangeneis aus einem Felsenkeller. Der Mann, der es brachte, zog das Eis gekonnt am Haken und mit Hüftschwung sicher am Kohlehaufen vorbei.

Kohlen im Sommer und Eis im Sommer. Kein Widerspruch. Genau so war es.

Die Kohlen brachte ein Mann auf einem Fahrzeug namens Ameise. Das Auto hieß Ameise, weil es klein wie ein Auto war und fleißig wie ein Bienchen. Ameise, so heißt heute kein Auto mehr. »Golf 9«, ja. Aber »Troll« oder »Ikarus«?

Fehlanzeige. Wenn dann einmal Tiere im Kapitalismus bei der Namensgebung Pate stehen sollen, dann gleich martialisch oder völlig fantasielos: Marder, Spürfuchs, Leguan ... oder war es Leopard? Auf jeden Fall: gefleckt.

Die Franzosen brachten es wenigstens zur Ente. Aber was ist ein Schwimmvogel schon gegen... Achtung, Obacht: Spatz, Sperber, Schwalbe! Gewonnen! Gewonnen.

Noch ein Beispiel gefällig?

Wenn die Diktatur so entsetzlich schlimm und grauselig war, wie jetzt vom alten, neuen System behauptet wird, weshalb wurden in dieser Diktatur so viele Kinder geboren?

Verzeihung. Ganz anders. In der heutigen Zeit, also im real existierenden Kapitalismus, kommen kaum noch Kinder zur Welt. Die Anzahl reicht nicht mal mehr zur einfachen Akkumulation, also zur Wiederherstellung des Ausgegebenen. Leben und Tod halten sich schon lange nicht mehr die Waage.

Parasitärer, stinkendfaulender Kapitalismus. Aber immerhin mit Frühstückscerealien, weil ich es mir wert bin. Kein Gedankengang ohne Flatrate minus Kaffee Togo slash und ebay app. Bei ebay gibt es sogar ganze Staaten im Angebot. Doch doch.
Du bei ebay gibt's jetzt was to buy aus Dubay.
Deswegen träume ich vom Eismann im Hochsommer. Der das Wasserstangeneis aus dem Felsenkeller in den heimischen Keller bugsierte, denn damals, ohne Kühlschrank, waren auch alle froh, wenn Möhren, Milch und Marzipankartoffeln schön kühl blieben.

Auf Schloss Pillnitz wurde diese Art des Kühlens eingeführt im 17. Jahrhundert, und sie hielt sich bis kurz nach der Oktoberrevolution, also bis kurz vor die Kehre. Wann genau das alles war: Fragen Sie Guido Knopp, unseren Geschichtszeremonienmeister.

1967, als in der DDR selbst Pioniere Könige waren, bimmelte der Eismann vor unserem Haus. Von diesem Moment an hatte meine Mutti zu tun. Sie hatte Haushaltstag und Eis- und Kohlenmann waren für diesen Tag bestellt, halfen, dass dieser rumging.

Der Eismann krallte sich mit seinem Eisenhaken einen Eisblock von der Ameise und mit gekonntem Hüftschwung donnerte er diesen am Kohlenmann vorbei. Der Kohlenmann irrte sich gern. Deshalb stand meine Mutti auch direkt am Kellerfenster an der Kohlerutsche. Erstens um die geleerten Säcke zu zählen, zweitens um zu verhindern, dass der Kohlenmann heimlich einen bereits leeren Sack im Vorbeigehen auf den Haufen schmuggelte. Es ging hier ganz klar um bare Kohle.

Wer die Kohle ungesackt bekam, hatte ganz den Batzen. Meist lag der Haufen nur in großer Entfernung von Keller-

fenster oder Haus- und Kellertür mitten auf dem Fußweg. Eine Einladung zur Selbstbedienung und zum Fußballspiel. Brennmaterial gab es also lose oder gesackt und in Berlin sogar gebündelt. Dort trugen die Kohlenmänner die Bündel manches Mal gegen einen kleinen Aufpreis bis in den Keller. Für zwei Flaschen »Radeberger Export extra«. Ja ja, die Kohlenträger tranken daheim gern Export.
Auch ein Generaldirektor im Sozialismus brauchte Kohlen. Und nur durch Beziehung bekam man die Kohlen seiner Wahl. Im Sozialismus waren Beziehungen das halbe Leben. Heute sind sie das ganze.
Es war normal, dass Generaldirektor und Kohlenträger im selben Haus wohnten. Ja, Herr Krüssen und Tupp, ein Generaldirektor, Chef über 6000 bis 8000 Beschäftigte und der Kohlenträger, wohnten Tür an Tür. Sichtbar unterschiedlich waren nur deren Dienstwagen. Einer tuckerte dienstlich auf der Ameise, der andere führte dienstlich und privat einen Wolga.
Bitte stellen Sie sich vor: Der Hundt, der jetzt die Arbeit vergibt, also der Arbeitgeberpräsident, wohnt Tür an Tür mit einem Halbkreisingenieur, also mit einem Straßenfeger. Geht nicht, ist unvorstellbar. Damals real existierender Sozialismus, heute real existierender Kapitalismus.

Ein paar Jahre später eines Morgens, ich weiß es noch wie heute, klingelte der Wecker nicht. Aus mir noch heute unerklärlichen Gründen versagte das Schlagwerk. Oder ich habe es nicht gehört. Daran kann ich mich aber nicht mehr erinnern.
Also fuhr der Bus R 340 von Gittersee nach Freital ins Stahlwerk ohne mich. Ich hatte Frühschicht. Als Lehrling zu spät an der Schmiedemaschine. Womöglich durch mich

verschuldeter Produktionsausfall. Unsere Brigade »Rosa Luxemburg« stand im Wettbewerb mit der Brigade »German Titow«.

Jeder Arbeiter, Ökonom, Ingenieur und Gewerkschafter im Edelstahlwerk wusste, dass Steimle der zukünftige Schauspieler war.

Ach, und der kommt zu spät zur Arbeit. Ist ja typisch, denn Schauspieler saufen, haben ständig wechselnde Frauenbekanntschaften, und was machen die eigentlich tagsüber?

Und wir erarbeiten das alles mit, damit so einer auf unsere Kosten …

Das alles ging mir 1982 während der Lehre zum Metallurgen für Walzwerktechnik, Spezialisierung Schmieden und Pressen, früh um sechs in Dresden Gittersee durch den Kopf.

Da hatte ich mir wieder einen Cocktail selbst angesetzt, bestehend aus Wut, Angst, Selbstmitleid, Trauer und Hass, also ein hochexplosives Gemisch.

Wut stieg auf, weil der Bus weg war. Hätte der Volltrottel von Busfahrer nicht warten können? Er hat mich doch rennen gesehen.

Angst hatte ich immer, in diesem Fall vor den Blicken der Kollegen. Es erwartete mich Kopfschütteln mit gedachtem Satz: »Für so einen blieb der Vater im Krieg.«

Selbstmitleid gespeist aus der Tatsache, dass ich Schauspieler werden wollte und die Rolle des Schmiedes mir nicht auf den Leib geschrieben war.

Hier ist ein kurzer Einlass notwendig.

Ich war Leistungssportler. Leistungssportler in einer Nichtleistungsgesellschaft. Sprinter im »SC Einheit Dresden«. Vize DDR–Meister mit der Staffel in der grandiosen Besetzung : Henner Kotte, Jens Jannack, Uwe Steimle, Rico Goldberg. Hab ich alles noch im Kopf, Sie wissen: Falls es morgen wieder andersrum kommt. Die Silbermedaille erliefen wir in Berlin, 1978, in der Kantjanstraße.

Drei Straßen weiter wohnt heute meine Tochter Nina, und ich bezahle für ein Zimmer in einer WG 300 € warm, ja warm schon. Das sind 600 DM und rund 2.400 bis 3.600 Mark Ost. Davon habe ich früher mindestens ein halbes Jahr gelebt. Mit allem Drum und Dran. Nun, es gab ja nüscht.

Zurück zum Sport. Ich trainierte ab, hatte die Eignungsprüfung an der Schauspielschule bestanden. Achtung: Es gab 1.000 Bewerber für 30 Studienplätze. Nur 22 Studenten durften dann studieren, die anderen hatten die Anforderungen nicht erfüllt in unserer Nichtleistungsgesellschaft.

Aber bevor ich ins Kunststudium sprinten konnte, brauchte ich noch einen Berufsabschluss, im Arbeiter- und Bauernstaat wurde das gefordert. Entweder Abi oder Beruf. Ich war spät dran, und die Ausbildungsberufe waren knapp. Pillendreher oder Schmied konnte ich werden. Ich traf meine Entscheidung.

Und wer lief mir über den Weg? Der stellvertretende Direktor der Berufsschule des Edelstahlwerkes, Herr Otto. Und warum lief er mir über den Weg? Weil er seinen Sohn Jörg vom Training abholte, der war Mittelstreckler und außerdem in der Schule mein Banknachbar. So kam ich zu einem Gesprächstermin bei seinem Vater.

Er: »Ich hab da von Jörn gehört, dass du Schauspieler werden möchtest. Hast du dir das auch gut überlegt?«

Ich: »Ja, das habe ich. Ich werde Schauspieler.«

Er: »Und warum willst du denn Schauspieler werden, Uwe? Hast du darüber schon einmal nachgedacht, warum?«

Ich: »Na, weil ich die Welt gern spielend begreifen will, ja, ich will mich in den Rollen entdecken. Immer gern ein anderer sein. Nicht immer derselbe. Eben anders.«

So habe ich damals, vor dreißig Jahren wirklich gedacht. Und Herr Otto hat mir genauso wirklich Folgendes geantwortet:
Er: »Es ist schön, dass du die Welt spielerisch begreifen möchtest. Das freut mich für dich, Uwe. Wäre es da nicht toll, wenn du da erst einmal in das Berufsleben hinein riechst, wenigstens für drei Jahre den Beruf des Industrieschmiedes lernst. Da weißt du gleich, wenn du dann spielst, wer das hier alles für dich erarbeitet.«
Ich: »Ich will Schauspieler werden und nicht Schmied. Was soll ich im Stahlwerk?«
Was der alles wusste. Er erklärte mir, dass die Arbeiter in meiner zukünftigen Schmiede, dass überhaupt alle Werktätigen unseres Landes die Grundlagen dafür schaffen, dass ich studieren darf. Auch, dass das Schauspielstudium das teuerste Studium nach dem der Medizin sei. Und wenn ich also wollte, könnte ich durch einen kleinen Beitrag mein kostenloses Studium mitfinanzieren.
Was sollte ich dazu sagen? Diese Argumentationskette erschien schlüssig. Überwältigt erfasste sie mich wie eine geschmiedete Schraubzwinge. Hier hatte sich einer Gedanken gemacht. Der Vater meines Banknachbarn zog noch einen selbst geschmiedeten Stahlnagel aus dem Ärmel und nagelte mich fest, mit den Worten:
»Und später, Uwe, auf der Bühne, kannst du dann auch mal richtig die Arbeiterklasse darstellen. Und wenn das mit der Schauspielerei schief geht, kommst du wieder zu uns zurück ins Stahlwerk und spielst dann bei uns die Rolle deines Lebens.«
Sein Sohn Jörn blieb noch für weitere zwei Jahre mein Banknachbar. Traurig. Aber Trauer war ja an diesem Morgen eine Zutat meines Cocktails.
Traurig war auch das Wetter, so richtiges Walterweidauerwetter. Feiner, allerfeinster Sprühnieselregen. Früh um

sechs in Gittersee hasste ich den Wecker, der war aus Ruhla und hatte drei Steine. Ruhlaer Wecker hatten immer drei Steine, einen oben, einen unten und einen zum Draufhauen. Bimmeln konnten die gar nicht.

Irgendwie musste ich ins fünf Kilometer entfernte Stahlwerk kommen, und sei es trampend. Vielleicht erbarmt sich ja einer bei dem Sauwetter. Ich halte spielerisch den Daumen raus … Keiner hält, ist ja auch absurd, in der Stadt zu trampen, im Berufsverkehr, ja auch im Sozialismus. Ein Wolga, ein Taxi, nein danke, kann ich mir nicht leisten. Bin Lehrling, verstehen Sie, spiele den Lehrling.

Aber das ist kein Taxi, das ist der Wolga … vom Generaldirektor. Das Auto hält trotzdem, und drinnen sitzt auch ein Fahrer. Das Kreuzworträtsel der FRÖSI kann spannender nicht sein. Wieso fährt der Generaldirektor vom Edelstahlwerk sich selbst ins Werk? Hat sein Fahrer etwa verschlafen?

»Guten Morgen! Nun steig schon ein! Bist ja schon ganz nass. Der Bus fuhr heute eine Minute zu früh, ich habe ihn gesehen. Da kannst du gar nichts dafür. Das nächste Mal trotzdem etwas eher da sein, du weißt doch: Athletenpünktlichkeit ist fünf Minuten vor der Zeit.«

Dass ich mal Leistungssportler war, wusste der Generaldirektor auch. Natürlich wusste der das vom stellvertretenden Generaldirektor der Berufsschule. Die tauschten ihre Gedanken ja regelmäßig aus, nicht nur über die Planvorgaben des Kombinats und darüber, wie der Stahl für Thyssen und Krupp noch viel besser gehärtet werden konnte. Nein, auch ein Lehrling spielte da eine große Rolle, im Großen und Ganzen. Auf ihn war zu achten. Und wenn der Bus zu zeitig fuhr, sah das ein Generaldirektor, fuhr hinterher und sammelte den Lehrling in seinen Wolga ein.

Wir fuhren direkt an Pforte vier ins Stahlwerk und ich war viel zu zeitig da.

Genauso war es, wieso sollte es anders gewesen sein.

Jetzt zitiere ich mich gern selbst: »In der DDR kümmerte man sich um den Menschen, und die Häuser verfielen ...«, den Rest denken Sie bitte selbst!

Gestern Abend in den Tagesthemen wurde verkündet, dass sich die Mehrzahl der Delegierten des SPD-Konvents für eine einheitliche Schulbildung ausgesprochen haben. Der Bund soll die Kompetenz in puncto Bildung erhalten. Was antwortet unser aller Herr Steinbrück? »Oh, das ist ein ganz heißes Eisen, das wird für Zündstoff sorgen, diese Nuss wird schwer zu knacken sein.« Das Volk applaudierte und Steinbrück wurde kreidebleich. Was schavante ihm da? Die Alliierten, also die im Westen, haben nach dem Krieg verfügt, dass das deutsche Kind auf keinen Fall je wieder eine zentral angeordnete Schulbildung erhalten solle, auf dass auch ansatzweise kein nationales Bewusstsein ermöglicht werden könne. Viel Konjunktiv, wehe, wehe, wehe, wenn ich auf das Ende sehe.

Seid nicht so zaghaft, Freunde in England und Amerika! Hitler ist tot! Eine einheitliche Schulbildung könnte auch dazu führen, dass wieder Werte vermittelt würden wie: »Jeder trägt Verantwortung für das Ganze.« Im konkreten Fall könnte es dazu führen, dass der Chef von BMW einen seiner Azubis mitnimmt, weil der verschlafen hat. Sind das Aussichten?

Wohlgemerkt: Wasserstangeneis

Zum Wasserstangeneis im Hochsommer bleibt mir nachzutragen, dass dieses noch 1967 von Äppelmüller und seinem Pferdewagen zu uns nach Hause bugsiert wurde. Diese fein und klein zerhackten Stücke, 50 Pfennige der Meter, nahm unser Eisschrank begierig auf. Wurst und Fleisch brauchten Kühlung, für Mutti fielen die anstrengenden Gänge in den Keller oder kühle Winkel des Hauses nur zum Hin- und Hertragen der Lebensmittel weg. Vatis Bier wurde jedoch weiterhin im Keller gekühlt.

Nicht überall stand schon ein Kühlschrank »Kristall« mit abschließbarer! Tür. Das sind die Tatsachen.

Da die Kühlschrankbauer bzw. Zulieferer nicht über die genügende Anzahl von Türgriffen verfügten, griffen sie zum Kniff und bauten schließbare Autotürengriffe an. Die waren gerade ausreichend zu haben.

So wurde aus einem einfachen Kühlschrank ein hochwertiges, abschließbares Konsumgüterprodukt.

Ein praktisches Beispiel für »Überholen, ohne einzuholen«. Endlich haben wir mal eines.

Wenn im Haushalt ein oder zwei Alkoholiker lebten, konnte den Kranken geholfen werden. Bier, Wein, Schnaps wurden rationiert, somit wurde kontrolliertes Trinken ermöglicht. Immerhin schaffen 3 % der Menschheit, also die der Alkoholabhängigen, so zwar nicht den Ausstieg, wenigstens aber die Kontrolle über den Konsum oder über den des Partners. Meist trug die Frau den Schlüssel um den Hals. Und wenn der Alte gespurt hatte, gab es ein zugeteiltes Vollbier.

Von Äppelmüller bekam ich immer einen Apfel zugeteilt, wenn ich seinen Laden betrat. Von Äppelmüller muss ich erzählen, weil er außerdem hinter dem Pferdewagen her war, wie Pittiplatsch hinter Schnatterinchen, besser noch wie Heiner hinter der Puppe Sylvia.

Oft machen sich Pferde nichts aus ihren Äpfeln und lassen sie einfach unter sich fallen.

Was machte Äppelmüller? Er gab Lotti und Hans je einen seiner Äpfel und diese überließen dann wie auf Verabredung Äppelmüller ihre.

Äppelmüller war unser Gemüsehändler, und er hatte das allerbeste Obst und Gemüse weit und breit. Aprikosen aus Ungarn. Pfirsiche aus Ungarn. Melonen aus Rumänien. Pflaumen und deutsche Hauspflaumen aus Hongkong, nein aus Kaditz. Und Erdbeeren. Erdbeeren. Ohne Worte.

Während ich hier schreibe, erinnere ich mich auch gleich an ein wunderbares Gedicht, geschrieben von Erich Weinert:

FERIENTAG EINES UNPOLITISCHEN
Der Postbeamte Emil Pelle
Hat eine Laubenlandparzelle.
Wo er nach Feierabend gräbt
Und auch die Urlaubszeit verlebt.

Ein Sommerläubchen mit Tapete,
Ein Stallgebäude, Blumenbeete.
Hübsch eingefasst mit frischem Kies
Sind Pelles Sommerparadies.

Zwar ist das Paradies recht enge
Mit fünfzehn Metern Seitenlänge.

Doch pflanzt er seinen Blumenpott
So würdig wie der liebe Gott.

Im Hintergrund der lausch'gen Laube
Kampieren Huhn, Kanin und Taube.
Und liefern hochprozent'gen Mist,
Der für die Beete nutzbar ist.

Frühmorgens schweift er durchs Gelände
Und füttert seine Viehbestände.
Dann polkt er am Gemüsebeet,
Wo er Diverses ausgesät.

Dann hält er auf dem Klappgestühle
Sein Mittagsschläfchen in der Kühle.
Und nachmittags, so gegen drei,
Kommt die Kaninchenzüchterei.

Auf einem Bänkchen unter Eichen,
Die noch nicht ganz darüber reichen,
sitzt er, bis dass die Sonne sinkt,
Wobei er seinen Kaffee trinkt.

Und friedlich in der Abendröte
Beplätschert er die Blumenbeete
Und macht die Hühnerklappe zu.
Dann kommt die Feierabendruh.

Er denkt: Was kann mich noch gefährden!
Hier ist mein Himmel auf der Erden!
Ach, so ein Abend mit Musik,
Da braucht man keine Politik.

Die wirkt nur störend in den Ferien,
Wozu sind denn die Ministerien?
Die sind doch dafür angestellt,
Und noch dazu für unser Geld.

Ein jeder hat sein Glück zu zimmern.
Was soll ich mich um andre kümmern?
Und friedlich wie ein Patriarch
Beginnt Herr Pelle seinen Schnarch.

Das Gedicht durften wir Schüler der allgemeinbildenden Oberschule auswendig lernen und sollten damit einen kleinen Beitrag leisten, um das Kleinbürgertum im Kapitalismus bloßzustellen, anzuklagen, ja zu entlarven. War es doch das Kleinbürgertum, das Hitler möglich gemacht hatte. Solch Humbug lese ich heute schmunzelnd und kopfschüttelnd, weil besser wissend.

Der Postbeamte Emil Pelle wurde zur Staatsdoktrin, und glücklicherweise gab es ja im Sozialismus keine Kleinbürger. Nur Kleingärtner und eben Äppelmüller mit Lotti und Hans. Diese beiden Pferde des Wasserstangeneismannes lieferten den sozialistischen, hochprozentigen Mist, der für die Beete nutzbar ist, nein: war.

Wir alle sind von Kleinbürgern umgeben. Ich behaupte nach wie vor, auch 2014: Ich bin der größte Kleinbürger.

Alles in den Schatten stellt ein chinesisches Sprichwort:

Willst du für eine Stunde glücklich sein,
so betrinke dich.
Willst du für drei Tage glücklich sein,
so heirate.
Willst du für acht Tage glücklich sein,
so schlachte ein Schwein und gib ein Festessen.
Willst du aber ein Leben lang glücklich sein,
so schaffe dir einen Garten.

Fettbemmen

Und was ist mit Fettbemmen?, fragte mich heute beim Straßefegen ein Mann aus der Nachbarschaft. Herr Steimle, schreiben Sie doch mal was über Fettbemmen! Ich liebe solche Dialoge. Sie sind das wahre Evangelium. Sie sind das Salz in der Suppe des Frühjahrsputzes, während ich die Straße vom Eise befreie. Reinigung ist gut für die Psyche, mein Oberstübchen reinige ich mit Straße kehren. Dieses Strich, Strich, Strich, dieses Straßenmantra ist wie Rosenkranz drehen. Probieren Sie es selbst. Ihre Kopfschmerzen verschwinden auch. Falls Sie welche hatten.

Herr Steimle, schreiben Sie über Fettbemmen! Es gab Zeiten, da ging es uns noch um Fettbemmen statt um die Welthummerhilfe.

Die Sehnsucht nach dem Einfachen, nach einer einfachen Wahrheit ist in vielen von uns. Mit einem guten Fettrezept könnte ich doch auch etwas ausrichten gegen den virtuellen Einheitsbrei. Mir traut er das zu.

Oh Herr, es gibt so viele Fettrezepte. Gänseschmalz, Entenschmalz, Griebenfett mit und ohne Majoran drin und mit oder ohne Gurke obendrauf. Ganze Schlachten wurden darüber schon gewonnen und dann wieder verloren. In der Küche verloren, ob mit oder ohne Zutat. Aus großem Respekt vor unserem Volk werde ich hier keines aufrufen und somit den ein oder anderen Landstrich bevorzugen.

Ich weiß, dass das rheinische Schwarzbrot sein Fett »abgrieben« kann. Und in Thüringen, in der Nähe von Zella-Mehlis, in Erfurt und in Plauen gibt's Speckfett, da: »würschde bleede«, wie der Sachse sagt. Sogar auf Hiddensee bekam ich ein

Fett vorgesetzt, da zerfloss das Wort Gourmet auf der Zunge. Die Zwiebel, knusprig, klebte am Boden, und das Fett, in dem manch Apfel schwamm, war weich und süß und sättigend. Mit einer Prise Salz auf das Brot des Inselbäckers gestrichen wird es zum einfach- und ehrlichen Gourmetfett. Außerdem ernähre ich mich nicht gern, ich will auch satt werden.

Möchten Sie von einem Verkäufer einer Grillstation angesprochen werden mit dem Satz: »Welcher Grilltyp sind Sie?« Genau. Ich hatte die Frage nicht verstanden und teilte ihm das mit. Sein Gesicht verfinsterte sich, nur die Augen glühten wie ein Holzkohlebett, als er mir antwortete: »Ich will Sie doch nicht verkohlen, echt, keine Angst, bei mir brennt nix an. Grillen ist wohl nicht Ihr Thema?«

Wieder hatte er recht, ich bestätigte ihm: »Grillen ist nicht mein Thema«, und dachte, die Belästigung sei damit gestoppt. Mitnichten. »Hören Sie«, sprach er weiter (ich stand direkt neben ihm), »meine trendbewussten Holzkohlefans kreieren Ihnen einen Sürf and Türf Bürger mit Riesengarnelen.«

Aha.

Weiter, ohne Luft zu holen : »Hack vom Koberind, Avocado mit Blattgold garniert und garantiert gratiniert, dazu ein Porschemesser für nur 179 € und, Achtung, jetzt kommt es : Auf unserem neuen Deckelgrill zaubert Ihnen unsere Antje (ich kannte Frau Antje gar nicht und wusste auch nicht, ob Sie grillen kann) ... Hören Sie?«

Jetzt brüllte ich auch mal: »Ja, ich höre Sie, Sie reden ja lauter, als Sie grillen.«

Er, völlig besessen: »Antje zaubert Ihnen mit einem patentierten Niedertemperaturgaren gegrilltes Vanilleeis im Eischneemantel. Was sagen Sie nun?«

Ich will hier raus. Eine Fettbemme essen. Ohne Typ und Thema.

Physikprüfung in Klasse 10

Meine wunderbare Physiklehrerin hieß Frau Dr. Ferse. Sie hieß wirklich so, Gott allein weiß, durch welches physikalische Experiment man zu so einem einprägsamen Namen kommt.

Mit welchem physikalischen Experiment ich zu einer bestandenen Physikprüfung kam, das hat sich bei mir jedoch ganz fest eingeprägt.

Bevor ich aber nun dieses Spitzenergebnis freiwilligen Lernens erörtere, muss unbedingt erwähnt werden, dass es auch im Sozialismus nur ganz besondere Frauen zum Doktor der Physik bringen.

Ich kenne schon zwei. Frau Dr. Merkel und Frau Dr. Ferse. Letztere schlenderte jedenfalls in einer Baumwollschlumpertrainingshose, die Ferse meist barfuß, durchs Physikkabinett. Die Hose war aus dünnem Stoff, saß um ihren Hintern noch eng und zeigte uns deutlich ihren bemerkenswerten Allerwertesten. Die Relativitätstheorie konnte in diesem Fall vernachlässigt werden. Fr. Dr. Ferse war anders. Sie war frei. Ihr Widerstand bestand in unangepasstem Äußeren. Ganz bequem und leger gekleidet durchquerte sie das Schulgebäude, es war ihr egal, was über sie als sozialistische Persönlichkeit geredet wurde. Im Klassenzimmer angekommen, war sie eine Lehrerin, die eine exakte Wissenschaft lehrte.

Ich denke gerne an diese Lehrerin.

Allein Physik war nicht meine Wissenschaft. Die Physikprüfung war die alles entscheidende Prüfung. Ohne einen erfolgreichen Abschluss hier keine Lehrausbildung, ohne Lehrausbildung kein Schauspielstudium. Dieser Bildungsweg ohne Abitur, das war für zukünftige Kunststudenten in der DDR eine Möglichkeit.

Es ging um alles. Vielleicht spielte ich ja mal einen Physiker, in Dürrenmatts gleichnamigem Stück oder in einer Verfilmung von Fr. Dr. Merkels Leben. Dort vielleicht einen ihrer Kollegen.

Frau Dr. Ferse trug am Tag der Physikprüfung eine offizielle Hose.

Meine Prüfungsfrage: »Uwe, an einer Kreuzung stehen ein Trabant und ein LKW. Die Ampel schaltet auf ›grün‹. Welches Auto ist schneller weg von der Haltelinie?«

»Pah«, dachte ich intuitiv, natürlich der Trabi. Jetzt noch die Formel dazu: Kraft ist Masse mal Beschleunigung. Da der Trabi leichter ist als der LKW »W50«, ist der logischerweise ... Moment, so einfach konnte die Antwort doch nicht sein! 10 Jahre Schule und das war alles? Wenn ich mich im richtigen, also real existierenden Leben umsah, wer war da schneller weg von der Kreuzung? Hase oder Igel? Trabi oder LKW? Gerade als ich mein Ergebnis: TRABI der Prüfungskommission mitteilen wollte, riet mir Fr. Dr. Ferse noch: »Uwe, denk genau nach.«

Also war es doch nicht so einfach. Konnte sie Gedanken lesen? Immerhin war sie Doktor der Physik. Kraft ist Masse mal ... Bei ihr traf das ja zu, aber Fr. Dr. Ferse stand nicht zur Auswahl. Ich war verunsichert. Die Masse wird in Kilopond angegeben, und die PS-Zahl ist beim LKW größer als beim Trabi. Natürlich, die höhere PS-Zahl wird ja dazugerechnet und zwar mit Multiplikation, völlig logisch. Ich gab mein Ergebnis bekannt: Der LKW ist schneller von der Kreuzung weg, denn er verfügt über mehr Pferdestärken.« »Aha«, bemerkte die Physiklehrerin, »und wie genau kommst du zu diesem Ergebnis, immerhin ist der Trabant leichter«. Nun völlig ratlos, begründete ich: »Ja, der Trabi ist leichter, aber das macht ja der LKW durch seine hohe Pferdestärke wett, denn die Beschleunigung wird ja multipliziert, daher beschleunigt der LKW viel, viel mehr.«

»Das ist dein Ergebnis?«

Ich bejahte.

»Gut, Uwe, dann lassen wir es bei deiner Vorzensur.«

Ab diesem Tag hätte mein Lebensweg auch anders verlaufen können.

Mein erstes Fahrrad

Meine Eltern erfüllten mir nicht jeden meiner Wünsche, das konnten sie gar nicht. So blieb der Besitz eines Luftrollers mir verwehrt. Mein Vater war noch erzogen worden nach dem Motto: »Kinderwille ist Dreck wert.«
Vati könne, so Muttis Argument, am Wochenende nicht auch noch Luft aufpumpen. Vati war Berufssoldat und kam nur alle drei Wochen für das Wochenende nach Hause, er schützte in Eilenburg, Delitzsch und Frankenberg als Panzerfahrer den Weltfrieden.
Hätte ein Panzer Luft auf den Ketten, Vati hätte sicher die große Panzerluftpumpe mit heimgeschleppt.
Mutti tröstete mich, versprach mir für meinen 10. Geburtstag ein Fahrrad. Ein richtiges, kein Minifahrrad der Marke MIFA, sondern ein 26-er, Diamant-Sport /de Luxe. Die Friedensfahrtasse Olaf Ludwig und Uwe Ampler konnten wegtreten, und Heiko Tader aus dem Vorderhaus hatte sowieso umsonst gelebt.
Meine Eltern hielten Wort. Ein Diamantrad, edel und exquisit, epochal. Eigentlich ein Brilliantrad! Sie griffen tief ins Portemonnaie, um mir diesen großen Wunsch zu erfüllen. Wie er funkelte, der azurblaue Schriftzug auf dem gemufften Rahmen! Dazu ein extra Satz Nabenreinigungsringe, selbstreinigende wohlgemerkt, die gab es nicht mal für Friedensfahrer. Vom Taschengeld legte ich mir noch einen Fahrradständer zu. Im »Avanti«, dem angesagtesten Fahrradladen der Stadt, kaufte ich noch einen Tacho und grobporige Schaumgummischweißringe, die Grundvoraussetzung am Rad für mich zukünftigen Stadtbezirkssparta-

kiadesieger. Schon damals im Zukunftsfarbendoppelpack: rot-grün.

Der Besitz des ersten Fahrrads löste in mir solche großen Gefühle aus wie später der Genuss der ersten Frau, der Besitz des ersten Füllfederhalters oder das Erringen der ersten Fahrerlaubnis. Übrigens: Alle Dinge, die mit »F« anfangen, verborge ich nie, also Frauen, Füller, Fahrerlaubnis, Fahrzeuge. Das gilt auch für Formschlüpfer.

Ich war im besten Friedensfahrtalter überhaupt. Noch heute wird mir tävig zumute, rufe ich mir aus meinen Erinnerungen die Friedensfahrtfanfare ins Ohr. Mir haut es immer noch die Beine weg, wenn ich an den Tataren Dschamolidin Abduschaparow denke, der aus unserem Olaf Ludwig Tatar machte, wenn er in seinen Fahrradwiegesprint startete. Das war ein paar Jahre später. Ist aber auch egal, denn Abduschaparow ist ja Usbeke. Ein Tier im Sattel. Er fuhr von Jahr zu Jahr stärker, wahrscheinlich trainierte er viel fleißiger als alle anderen Fahrer. Das Gelbe Trikot mit der weißen Friedenstaube streiften sich jedenfalls alle Gewinner gern über den Körper.

Was war schlecht an der Friedensfahrt, dass sie damals und auch heute nicht durch beide Teile Deutschlands rollen durfte? Hat irgendein Pole während der Bergwertung Afghanistan den Krieg erklärt? Bedrohte ein Tscheche die innere Mongolei? Oder wollte etwa ein Bulgare das grüne Trikot des aktivsten Bergfahrers tauschen gegen seltene Erden? John Lennon war gefährlich, weil er bedingungslos Frieden predigte. Gewaltlos Krieg dem Kriege.

Friedensfahrt hieß für alle Kinder: länger wach bleiben. Nach dem Sandmann durften wir die Tageszusammenfassung sehen. Pardubice war ja damals nicht um die Ecke, aber die Straßen dort waren gesäumt wie auf der Champs–

Élysées. Heinz Florian Oertel, der Chefkommentator, fuhr immer mit, und egal, wie schnell die Hasen auch fuhren, Igel Heinz Florian war immer schon da

Ich erinnere an die Friedensfahrt, weil sie jährlich für ein paar Tage zur Heimat vieler übervoller Kinderherzen wurde. Aufrichtig und glühend feuerte auch ich die Fahrer an, wollte mit meinem Schreien den Weltfrieden retten. Darunter machte ich es nicht. Meine Kinderzeit war im Frühjahr radrund. Ich war glücklich, wenn die Fahrer es auch waren. Heute, mit meinen fünfzig Jahren, weiß ich, dass es fast nichts Schöneres für einen jungen Menschen gibt, als in der Gemeinschaft aufzugehen. Für eine kleine Zeit sich als Teil des Ganzen zu fühlen. Vom Ich zum Wir. Wenn sie mir heute die Friedensfahrthymne anspielen und danach gleich noch meine erste Nationalhymne, da haben sie mich. Da heule ich Rotz und Wasser. Für meine Erinnerungen will ich mich auch heute noch nicht schämen, mit Sicherheit. Wir waren die Guten. Wer ist wir? Die meisten. Außer G. E.

Ich stelle jetzt eine kühne These auf. Stellen Sie ein paar DDR-Bürger in eine Reihe und spielen Sie die Nationalhymne. Sie sehen alles in den Augen.

Mit dieser Methode erübrigt sich auch NSA.

Tanzstunde

Na und die Jugendweihe. Was war denn mit der Jugendweihe? Erinnern Sie sich noch an Clocks, Schlaghosenanzug und Tanzstundentraining mit ganz ungewissem Ausgang? Noch heute wach ich nachts auf, weil ich wieder schweißgebadet bin, denn natürlich hab ich im halbdunklen Schummerlicht den Pionierabstand nicht einhalten können, irgendetwas zog mich hin zum schönen Geschlecht. Gut, im Wort Geschlecht steckt auch das Wort schlecht. Nur was war daran schlecht, meine Tanzpartnerin gut an mich drücken zu wollen?

Ich weiß es wie heute, wir probierten lateinamerikanische Tänze. Standard, die, die jeder konnte, also die einfache Variante. Was sonst bedeutet Standard? Nur ich war offensichtlich zu dämlich, als Herr … zu dämlich für ein bisschen Cha Cha Cha und Rumba. Rita Schröder stieß mich immer weg, weit weg von sich. Warum? Gut, geh ich eben zur Ehrentraut, Heike Ehrentraut musste doch ein Erbarmen mit mir, sich und meinem Silastikpulli haben. Nix da, auch sie trat mir auf die Füße, ach nein, das war ja ich. Irgendwie trat ich allen meinen Tanzpartnerinnen auf die Füße, und das nur beim Standardtanz. Was blühte mir, wenn Foxtrott, Walzer oder Partnerwechsel, Tanzpartnerwechsel zum Gesellschaftstanz aufriefen? Ich war wie vor den Kopf geschlagen, dabei hatte ich stundenlang im Kinderzimmer vor meinem Klappbett geprobt, nicht mit Mutti. Allein und allein klappte es ja auch. Nur sobald Mädchen dazwischen kamen, Pustekuchen. Ich war wahrscheinlich mit meinen Gedanken nicht unmittelbar beim Tanzen. Dies bestätigte mir ja auch der Zirkelleiter der AG Tanz: »Uwe, ständig trittst du unsere Mädchen. Du musst dich beim Tanzen auf das Wesentliche konzentrieren, du bist wohl mit deinen Gedanken ganz woanders?« Ich nicht, aber er. Ich wollte tanzen wie Fred Astaire, aber er tanzte aus der Reihe. Und dann machte irgendjemand auch noch das Licht an und Steffen Bicking schrie als Erster: »Guggd euch mal den Steimle an, der läuft ja Reklame für NARVA, sieht aus wie ein Streichholz, oben rote Kuppe.« Noch Jahre später traute ich mich kein Mädchen anzusprechen, schon gar nicht, ob sie mit mir tanzen wollte, an »Gehen« war gar nicht zu denken. »Du willst mit mir gehen? Wohin? Lern erst mal tanzen.« Und dies alles, weil man ja als Junge zur Jugendweihe mit einem Mädchen tanzen sollte, wollte, was weiß ich denn.

Die Zeit der Aufklärung wurde erst Jahre später im Geschichtsunterricht behandelt. Und was war bitte mit meiner? War meine ganz persönliche Aufklärung nicht auch eine deutsche? Ich war doch Deutscher. Und alles, wonach ich mich sehnte, war ein flotter, guter Tanz zur Jugendweihe. Einmal richtig tanzen, am liebsten mit Marika, aber das war aussichtslos, denn mir ihr wollten alle tanzen. Und mein Vati war nur Stabsfeldwebel, der von Marika Oberst. Klassenunterschiede waren das. Nicht von dieser Welt. Klassenkampftanzstunde mitten im Sozialismus, 1978.

Warum fällt mir das heute, gerade heute wieder ein? Weil ich gerade zum Fenster hinaus sehe. Da läuft ein junger kräftiger Mensch, der mit seinem Fahrradanhänger Zeitungen austrägt. Ja, man verdient sich heute etwas dazu, wenn man bei anderen Leuten Zeitungen einwirft. Wir früher bekamen als Kinder alte Zeitungen, meistens schon gebündelt, und das Lumpenmännchen und später die »SERO-Annahmestelle« war überglücklich über Rohstoffrücknahme. Omis und Opis waren auch froh, wenn ihr Keller wieder leer war und somit

Platz für Eingewecktes. Da wir aufgeweckt waren, bekamen wir Geld für's Sammeln von Zeitungen, heute bekommt die Jugend Geld für's Zeitungen reinstopfen. Hauptsache Masse, Werbequark und Zusatzgewinne. Welches ist denn nun die verkehrte Welt, das wüsste ich doch gern ...

Just e ment in diesem Moment klingelt mein Telefon: »Ihr Punktestand bei vodafone Stars«, wenigstens hier bin ich einer ... »4.503 Punkte. Zum 7.4. verfallen 123 Punkte, abtelefonieren oder Prämien bestellen ...« Ich werde noch wahnsinnig, sammle doch auch keine Punkte bei der Deutschen Bahn. Ich sag dann immer: »Danke, ich benötige keine Prämienpunkte, mir reicht es, wenn der Zug pünktlich ist ...« Das Leben könnte so einfach sein, wenn man den geraden Weg nehmen würde, aber die Leute wählen lieber Umwege.

Als ich im Hochsommer von der Ostsee zurück fuhr, machte ich noch einmal Station in Barth, direkt am Meer gelegen. Als ich im Hafenrestaurant die Servierfrau fragte, ob der Dorsch denn auch frisch sei, antwortete die Frau allen Ernstes: »Wenn ich ihn auftaue, ja.« – Da stand ich auf und ging hungrig heim.

Dann lieber nicht richtig tanzen können. Der Zirkelleiter der Arbeitsgemeinschaft Tanz verabschiedete mich 1978 übrigens mit den Worten: »Uwe, nicht böse sein, aber Tanzbären brauchen wir hier nicht.« Von diesem Satz habe ich mich bis heute nicht erholt. Ich ein Tanzbär, am Nasenring durch die Arena geführt. Oh ja, nie konzentrierte ich mich aufs Wesentliche. Noch heute höre ich Oma, Opa, Mutti, Vati, alle Lehrer und später im Studium und davor in der Lehre: »Uwe, bitte konzentrier dich auf das Wesentliche.«

Hätte ich mich bei dieser Jugendweihegeschichte auf das Wesentliche konzentriert, sie wäre langweilig zu Ende gegangen. So komme ich also zum Schluss, auch mit eigenen

Worten, die diese Kurzgeschichte wie folgt abschließen sollen: »Lieber unwesentlich und spannend als wesentlich und langweilig.« Sie glauben mir nicht? Überprüfen Sie sich doch bitte selbst. Was interessiert Sie an einer Frau am meisten? Wesentliches oder Unwesentliches?

Gute Nacht, träumen Sie schön, möglichst vom …

PS: Meine Tiefe ist die Oberfläche.

Mein Sehnsuchtsort in Sachsen: Maxen

Es gibt nur ein Maxen auf der Welt, und das liegt in Sachsen. Wenn ich noch einmal geboren werde, also wenn ich noch einmal komme ... zur Welt, dann bitte, lieber Herr: in Maxen. Was ist das Besondere an Maxen?
Maxen ist das Stück Italien, was Italien fehlt.
Die deutsche Romantik ist ohne Maxen unvorstellbar. Im alten evangelischen Pfarrhaus gingen Carl Gustav Carus, Ludwig Tieck, aber auch Hans Christian Andersen ein und aus. Das war vor über zweihundert Jahren, aber je älter ich werde, desto näher rückt die Zeit. Maxener Marmor diente August dem Starken als Auslegeware für das Grüne Gewölbe.

Clara und Robert Schumann komponierten in der Maxener Umgebung so manches Kinderlied. Gut, dass sie flohen vor den Revolutionswirren 1849.

In Schmorsdorf verlebten sie eine gute Zeit im Schatten der schon damals 1000–jährigen Tanzlinde.

In Schmorsdorf nahe Maxen steht auch heute noch das kleinste Museum Sachsens.

Ein großes Schnitzel gibt es montags im Gasthof in Maxen. Für 5 Euro, mit Letscho, da wirste bleede. Im Winter dann kandierte Walnüsse. Köstlich.

In Maxen war es auch, wo Friedrich II. seine einzige verlorene Schlacht im Siebenjährigen Krieg kassierte. Genau, die Älteren unter Ihnen werden sich noch daran erinnern, im Jahr 1759 geriet General Finck mit vielen tausend seiner

Soldaten in Kriegsgefangenschaft in den später nach ihm benannten »Finckenfang«. Als er entlassen wurde, musste er sich vor einem preußischen Kriegsgericht verantworten.

Die ersten selbstgepflückten Vitamine des Jahres erwandere ich mir in Maxen. Den gemeinen Bärlauch. Hier wächst eine besondere Art, die noch viel intensiver nach Knoblauch schmeckt als anderswo. Deshalb gemein.

Und was wäre Maxen in Sachsen ohne sein Schloss? Auf schönstem Grund hockt es unverrückbar und bot Heimat ab 1819 für den wohl größten, besten Sohn des Sehnsuchtsorts. Für Major Serre.

Da Sie mir bis hierher auf den Buchstaben des Papieres gefolgt sind, treu meinen Worten vertrauend, eröffne ich Ihnen einen großen Schatz, den ich gleichsam mit Ihnen teile, ohne ihn verraten zu haben. Die Sozialromantik erlebte hier die Geburtsstunde. Und das kam so. Major Serre, keine Angst, ich mache es kurz, liebte die Kunst. Gemeinsam mit seiner Frau fand er darin einen Lebenssinn, seine Lebensaufgabe.

Der Kunstmäzen kaufte die Bilder von den heute so bedeutenden Malern wie Clausen Dahl oder dem jawanesischen Maler Raden Saleh ab. Damals überlebten diese Künstler, aufgefangen durch solche Geldzuwendungen. Major Serre sah die Bilder mit dem Herzen. Und gab aus vollem Herzen Geld dafür.

Heute werden diese Bilder für Millionen gehandelt.

Die Romantik half den luftleeren Raum zwischen Himmel und Erde wieder zu beseelen.

Letzten Endes war es doch das Licht, das es so nur in Maxen gibt. Die Romantiker haben das Licht gemalt, das ist ihr Verdienst. Und war es nicht sogar Goethe, der noch auf dem Sterbebett forderte: »mehr Licht«.

Serre hat die Bilder gekauft und hat diese sich für eine kleine Zeit in sein Haus an die Wände gehängt. Mit dem Weiterverkauf der Bilder verhalf er mittellosen Kindern aus den umliegenden Dörfern und Waisenkindern zu Schulbildung. Das ist Sozialromantik. Abrechenbar und konkret.

Wenn Sie mir das alles glauben wollen, dann kommen Sie nach Maxen! Eilen Sie, aber gemächlichen Schrittes und bitte nicht alle auf einmal der Reihe nach und bitte hinten anstellen!

Und falls Sie mir das alles gar nicht glauben wollen, ich habe noch mehr für Sie über mein Maxen: Wo steht die kleinste Moschee in Deutschland? Richtig, hier. Serres haben sie bauen lassen für den jawanesischen Maler Raden Saleh. Stellen Sie sich nun vor, Sie sitzen bei Günther Jauch und der stellt Ihnen die neugeschaffene Einemilliardeneurofrage: Wo schrieb der dänische Nationaldichter Hans Christian Andersen das Märchen »Die Schneekönigin«? Geht Ihnen ein Licht auf?

Inzwischen gibt es in Maxen auch einen Heimatverein, eine Freilichtbühne und einen ausgezeichneten Bäcker. Vergessen sie Toskana, Frankreich und Karibik, erhöhen Sie Ihr Herz mit Maxenblick.

Mondnacht

Es war, als hätt' der Himmel
Die Erde still geküsst,
Dass sie im Blütenschimmer
Von ihm nun träumen müsst.

Die Luft ging durch die Felder,
Die Ähren wogten sacht,
Es rauschten leis' die Wälder,
So sternklar war die Nacht.

Und meine Seele spannte
Weit ihre Flügel aus,
Flog durch die stillen Lande,
Als flöge sie nach Haus.

Joseph Freiherr von Eichendorff

Vom Rahmen

Vor zwei Tagen schaffte ich ein Rosenhauer-Rummel-Aquarell ins Fachgeschäft, um es dort rahmen zu lassen. Der fortlaufende Meter war mit 93,00 € ausgepreist. »Bitte, Frau Rahmenverkäuferin: Wie setzt sich dieser Preis in Höhe von 93,00 € zusammen, von welchem fernen Stern stammt dieser Preis?«

Die Rahmenverkäuferin hatte Ahnung: »Sehen Sie, wenn Sie ein wenig gegen das Licht schauen« (wir sprachen immer noch vom Rahmen, nicht vom Bild), »so erscheint der Rahmen silbern.« Ich versicherte ihr, dass ich das Silber nicht entdeckt hatte. »Na ja, das Silber ist ja auch unter die schwarze Farbe gerieben und somit erscheint alles eine Spur matter, weil echt«, erklärte sie mir. »Wie echt«? Ich verstand nicht. »Echt Silber, sonst käme es Sie auch billiger, ich finde, ein echter Rosenhauer verträgt schon echtes Silber.« Ich merkte also, nicht nur Reden ist Silber, auch echter Rahmen.

Ich entschied mich für einen echten Olivenholzrahmen, das matt schimmernde Dunkelbraun erschien mir bald wie Ebenholz. Eben. Von Museumsglas möchte ich fast gar nicht anfangen zu erzählen, nur so viel: Museumsglas heißt Museumsglas, weil das Glas am Museum vorbei getragen wurde. Jeder Schuster, ich meine nicht den Schuhmacher, jeder Schuster kann sich hochtrabende Namen ausdenken. Hauptsache teuer, sonst hat es auch nichts im Museum verloren, denn im Museum hängt das, was der Steuerzahler bezahlt, und der hat ein Recht darauf, dass 73 Prozent des schädlichen UV-Lichtes absorbiert werden und das Aquarell optimal geschützt wird. Plasteglas absorbiert 99 Prozent, das heißt, dass Sonnenbrand und Hautkrebs für das Bild nahezu ausgeschlossen werden können, aber durch die Spiegelung kann es dem Betrachter passieren, das Bild von der Seite aus ansehen zu müssen, und dass er deshalb einen verfälschten Eindruck erhält. Fällt also als Variante aus.

Jeder Mensch, der täglich zur Arbeit geht, um seine Brötchen zu verdienen, zeigt hier spätestens Nerven. Ich muss aber zugeben, letzteres Argument der hübschen Rahmenverkäuferin überzeugte mich – und so waren zum Schluss für mein Rosenhauer-Rummel-Aquarell mit unverfälschtem Direktbetrachtungsblick, also für mich, 498 Euro fällig.

Ja, ich hab sie nicht alle, gebe aber zu bedenken, hätte ich dem Rosenhauer den Rahmen mit nicht zu sehendem Silber gekauft, 682 Euronen wären zu zahlen gewesen. Ich habe also gespart.

Zuhause wartete aber noch ein Ölbild auf einen Rahmen. Und wie Sie gerade eben gelesen haben, sind guter Rat und guter Rahmen teuer. Mir fiel also in meiner so genannten Not der Rahmenbauer von Theodor Rosenhauer ein. Waldemar Braun lebt in Dresden Alt-Trachau. Ich besuchte ihn an einem Sonntagnachmittag und bat ihn, trotz seines Alters und trotz seines verdienten Ruhestandes, für mich und meinen Rosenhauer einen Echtholzrahmen nach Rosenhauers Plänen zu zimmern.

»Oh, das kann schwierig werden, ich weiß nicht, ob ich die Musterproben noch finde, und meine Maschinen sind auch nicht mehr die jüngsten. Das kann also dauern, aber wissen Sie, ich komme gleich mal zu Ihnen rum.« Für mich dauerte seine Anreise gefühlt so lange wie ein Flug von Dresden nach Wien. Als Herr Braun seine Bicke–backe–Linoleum-Tasche bei mir zuhause im Hof auskippte und Rosenhauers Rahmmuster zum Vorschein kamen, stand die

Zeit still. Ich und mein Ölbild freuten uns darauf, bald einen schlichten Bauernrahmen um das schöne Blumenbild haben zu dürfen.

Gestärkt von einer Tasse Bohnenkaffee, versprach er mir, dass er nichts versprechen könne, aber alles versuche. Eine Woche danach durfte ich meinen Rahmen für mein Blumenbild abholen. Herr Braun präsentierte mir einen selbstgebauten Vollholzrahmen ohne Astloch. 30 € kostete das Holz, ohne laufenden Meter.
Die guten alten Zeiten sind jetzt.
Heute ist der 5.7.2013, meine große Tochter wird heute 31 Jahre.
Danke, lieber Waldemar Braun.

Wunder gibt es immer mal wieder. In diesem Leben falle ich nicht mehr herein auf Schwarzrahmen, unter denen nicht sichtbares, echtes Silber verrieben wurde, nur, damit sich Händler die Hände reiben. Rosenhauer, dieser die Heimat liebende Maler, hätte das Rahm abschöpfende Pack vom Hof gepeitscht, auch in laufenden Metern gemessen.

Lisa

Wenn ich zu meiner Oma nach Übigau ausschwärmte, nahm ich immer einen Blumenstrauß mit. Auf Empfehlung meiner Mutter, von unterwegs. Meist waren es Butter- und Kornblumen, die zu pflücken waren. Mutter belehrte gerne sanft: »Die Oma freut sich.« Besser gesagt, sie hatte sich zu freuen.

Sofort nach meiner Ankunft in der Kaditzer Straße, im Haus neben dem Postamt, musste Oma eine passende Vase finden, Wiesensträuße krümeln schnell. Dass ich einen der Blumensträuße fast mit meinem Leben bezahlt hatte, führte bei Oma eher zu Lachsalven als zu tröstenden Worten für mich.

Und das kam so: Kurz vor der Flutrinne der Elbe stieg ich, wie von Mutti angeordnet, hinab zu Kletten, Rainfarn und Spitzwegerich. Natürlich blieb auch etwas an mir hängen vom Klettwerk, aus dem dann auch später wirklich der Klettverschluss entstand. Selbstvergessen ruppte ich meinen Strauß zusammen und freute mich für Oma, denn: Bald schon würde sie beglückt, von Uwe, der für sie gepflückt.

Es wurde wirklich wieder ein schöner Strauß, alles, was abging, ging mit. Mein Kinderhirn durfte ausruhen ... Klatschmohn, Glockenblume, Rispengras, und merkte dabei nicht, was sich in einiger Entfernung zusammenbraute. Ich bemerkte nicht den Ochsen, der im gestreckten Galopp über die Kaditzer Flutrinnenbrücke donnerte.

In dem Moment, als ich, wieder oben, die Flutrinnenbrücke passieren wollte, hörte ich den Bauern um Hilfe und nach seiner Lisa rufen. Lisa war also kein Ochse, sondern eine Kuh, ich Ochse. Aber warum läuft die auf mich zu? Mir schlug das Herz bis zum Hals, das Rindvieh war riesengroß und ihr Herr und Bauer weit weg.

Was wollte Lisa von mir? Der Blumenstrauß war für Oma bestimmt. Liebte Lisa die Butterblumen aus meinem Strauß, aus denen sie dann, die Blumen weglassend, die Butter für meine Butterschnitte zauberte? Wie auch immer, viel Zeit und viel Platz blieben nicht mehr, Lisa war gefühlte 7 Meter vor mir. Der Flutrinnenbauer schrie heiser: »Junge, rette dich! Und zieh die rote Strickjacke aus!«

Dazu kam ich aber gar nicht mehr. Intuitiv tat ich das Richtige und sprang in letzter Sekunde hinter eine Laterne, diese nahe des Brückengeländers. Lisa sah dumm aus, sie hatte verloren. Feuchtglitschignass ist so eine Kuhnase, Spuckegeifer troff Lisa aus dem Maul. Omas Blumenstrauß hielt ich fest umklammert, auch ihn hatte ich gerettet.

Nun war auch der Bauer da. Er zog Lisa am Nasenring aus der Arena, Verzeihung, runter von der Brücke, und schnauzte mich an: »Welcher Junge läuft denn auch am Sonntagnachmittag in einer roten Strickjacke herum?«

Nun wissen Sie, weshalb sich die Schneeweißoma vor Lachen auskippte, als sie nach einer passenden Vase suchte. Danach bot sie mir an, zur Feier des Tages Plinsen zu backen, aber nur, wenn ich mich erst einmal auf dem Küchensofa ordentlich ausruhte. »Oma«, bat ich schon halb eingeduselt, »Oma, komm leg dich doch auch mit hin.«

»Nee nee«, sprach Oma, »lass mal, Junge, erstens bin ich im Stehen größer, und zweitens, die Plinsen machen sich ja auch nicht von alleine, und nach der Aktion heute hast du doch sicher Hunger.«

Ich verspachtelte an diesem Nachmittag sieben Plinsen auf einen Streich.

Die Lehren aus der Geschichte sind folgende: Allergrößte Freude hatte ich im Biologieunterricht daran, das Kuhauge zu sezieren, ich schaute Lisa dabei letztmalig ins Auge. Rote Strickjacken meide ich bis heute. Blumensträuße pflücke ich immer noch gern, entweder beim Spazieren durch die Wiesen oder in meinem eigenen Garten. Omas zubereitete Plinsen haben mir immer Kraft für meine nächsten Aufgaben gegeben, an diesem Tag jedoch haben sie mir zusammen mit Omas Lachen einen perfekten Sommersonntagnachmittag beschert.

Mein Vati

Ich habe meinen Vati ein einziges Mal weinen sehen, das war, als unser Wellensittich Peterle starb. Ein einziges Mal spielte er auch mit mir in der Dresdner Heide Fußball. An einem herrlichen Frühlingstag stiefelten wir los. Mein Vati trug eine wunderschöne Strickjacke und wir bäbbelten schon auf dem Fußweg. So etwas war mir ja sonst strengstens untersagt, denn wozu gibt es Spielplätze, Fußballstadien und Rasenflächen? Niemals durfte ich auf dem Gehweg ballen. Wenn so ein Ball plötzlich zwischen die Füße alter Menschen rollert, diese womöglich stürzen, sich einen oder zwei Ellenbogen brechen oder aber, was noch schlimmer ist, sich den Kopf auf der Bordsteinkante aufschlagen, um dann womöglich noch gleich am Unfallort zu sterben ... nicht auszudenken, und, der Vater des Jungen macht auch noch mit! Herrlich. Vati machte mit! Ich liebte ihn schon deshalb. Mit diesem einmaligen Fußballspiel in des Wortes wahrster Bedeutung spielte sich mein Vati mitten in mein Herz.

In der Heide angekommen, belehrte mich der Sohn meines Großvaters über Birkenhaarwasser. Er nahm den frisch gefetteten Lederball unter seinen Wollstrickjackenärmel, mir blieb staunend der Mund offen stehen. Das überflüssige Ballfett klebte inzwischen mit dem Sand vom Heideboden am Angorawollstrickjackenärmel. Mein Vati verfügte über sensible Antennen und bemerkte mein staunendes Entsetzen. »Alles Natur, Uwe, alles natürlich, der Sand fällt nach einer Weile ab und das Fett zieht in Kürze ein und wirkt so ganz natürlich weiter. Da verfilzt die Jacke bei Muttis Waschgängen nicht.«

Zurück zum Birkenhaarwasser. Er schwärmte in höchsten Tönen davon. Erklärte mir, dass dazu notwendigerweise jährlich im Frühling die Birken geharzt würden.

Die Bäume würden angebohrt, das kostbare Baumblut aufgefangen und könne danach kurzerhand auf der »Platte« eingerieben werden. Mit »Platte« meinte er die Glatze. Vati verfügte schon über sehr viel sichtbare Kopfhaut, konnte also viel Haarwasser vertragen. »Uwe«, rang er mir ein Versprechen ab, »wenn es einmal bei dir soweit ist, nimmst du nur Jeho– Birkenhaarwasser. Das kommt aus dem Wald.« Ich war acht Jahre alt, hatte volles, semmelblondes Haar.

Vati fühlte sich im Wald sehr wohl, er war ein großer Naturfreund. Natürlich, denn eigentlich wäre er gerne Förster geworden.

Mich stattete er deshalb zünftig aus. Ich besaß mehrere geschnitzte Wanderstöcke, russische Feldstecher (wahrscheinlich Kriegsbeute), echte Hirschfänger und Stoppuhren. Auch zwei Ersatzblasen für den Fußball und später eine Armbanduhr »Poljot« mit siebzehn Steinen. Merke: Alle diese Dinge braucht ein natürliches Kind.

Die Armbanduhr bekam ich zur Jugendweihe geschenkt. Aus diesem Anlass trennte sich Vati von dieser Uhr, er wusste, dass ich mir die Uhr seit langem wünschte. Ich liebte diese Russenpoljotflachuhr, sie war immer mit.

Sie überlebte nur ein Jahr, dann war sie weg. Verschwunden, verloren, liegengelassen, geklaut, ich wusste es nicht. Irgendwann hatte ich sie vergessen.

Es folgte, was folgen musste. Vati fragte mich bei passender Gelegenheit nach der Uhrzeit. Ich sah auf meinen linken Arm, keine Uhr da. »Such die Uhr«, sein Kommentar. Also suchte ich im Trainingsspind in meinem Sportklub, im Schulranzen, in meinem Schrank zuhause, auch im unteren Schrankfach. Aber wie hätte die kostbare Uhr ins untere Schrankfach kommen sollen? Ich war ganz unten, lange vor Günter Wallraff. Ich suchte unter dem Bett, hinter dem Schrank. »Hast du hinter den Scheuerleisten...? Die Uhr ist doch ganz flach.« Mutti gab mir auch Ratschläge. »Wie sollte meine heißgeliebte Uhr dahin kommen?« Vati antwortete nur ein: »Eben, also such weiter!« Mutti, den Tränen nah: »Uwe, wieso suchst du nicht gründlich?« Sie tat mir leid. Schon für Muttis Lachen allein hätte ich die Uhr gern gefunden.

Es mussten also Dinge passiert sein, die außerhalb meines Bewusstseins abliefen, niemals hätte ich doch, jetzt war sie wieder »Vatis Uhr«, verschwinden lassen. Nicht mal hinter die Scheuerleisten.

Nach gefühlter dreimonatiger Suche, begleitet von Angst, Trauer und Scheinschuld, bekam ich Wut. Unbändige Wut. Weil Mutti und Vati mich mit Liebesentzug straften. Kopfschüttelnd, schweigend gingen sie an mir vorbei, sie verachteten mich.

Natürlich war es schlimm, dass Vatis Uhr weg war, aber weg war weg. Vati hatte sie mir geschenkt. Also war es meine Uhr. Meine Uhr war weg, nicht seine Uhr.

Scheiß Jugendweihe. Scheiß Russenuhr.

Vati fuhr kurze Zeit später zu einem militärischen Manöver. Er betonte bei seiner Abfahrt noch, dass er zwischendurch nicht nach Hause komme, er habe keine Lust, in einer Familie zu sein, in der eine Uhr mit siebzehn Steinen keinen Wert hat.

Da war auch mit Mutti nicht mehr »gut Kirschen essen«, obwohl die ja nur über einen Stein verfügen.

Das Martyrium nahm kein Ende. Mutti versuchte es: »Hast du die Uhr eingetauscht? Hast du überlegt, wohin du sie mitgenommen haben könntest? Warum hast du uns nicht gesagt, dass dir nichts an Vatis Uhr liegt. Vati kommt jetzt drei Wochen wegen dir nicht nach Hause. Wir streiten uns nur wegen dir. Bei dir muss sich etwas Grundlegendes ändern.«

Daheim fehlten mir siebzehn Steine zum Glück.

Vicky Leandros kam zu dieser Zeit mit einem Schlager ins Radio. »Halt die Welt an, stopp die Zeiger der Uhren ....« Die Griechin aus dem Land der Wiege der Demokratie wollte mich trösten. Wie wir heute wissen, haben die Griechen kein Geld, aber Zeit im Überfluss.

Kurze Zeit spielte ich auch mit dem Gedanken, eine Ersatzuhr zu besorgen. Aber meine hatte einen Kratzer auf dem Zifferblatt. Papa hätte den fehlenden oder einen fremden Kratzer bemerkt, den Stallgeruch seiner Uhr vermisst.

Jetzt kommt die Wende in dieser mich so prägenden Geschichte. Es passieren auf dieser Welt unvorstellbare Dinge. Schiffe verschwinden plötzlich auf hoher See. Schiffe, die aus keinem Hafen ausgelaufen sind. Terroristen, die es nie gab, werden erschossen. Und es werden Gelder überwiesen, die keiner hat. Alles das steht auf keinem Papier und kann von niemandem zurückgefordert werden.

Was hat das alles mit meiner verlorenen Zeit zu tun?

Irgendwann kehrte wieder Ruhe in die Familie ein. Ich entwickelte mich, musste nicht, wie vorher angedroht, »ins Heim«. Die Ehe meiner Eltern stand immer auf dem Spiel. Die Uhr war vergessen.

1992 nahm sich mein Vater das Leben. Als ich seinen Schrank aufräumte, fand ich darin: meine Uhr.

Jetzt dürfen Sie weinen.

Ich liebe meine Eltern.

Alles ist gut.

Sie wollten mir eine Lehre erteilen. Sie haben alle Gelegenheiten verpasst, mir die Uhr zurückzugeben. Es gab nie den richtigen Zeitpunkt, vielleicht aus Unvermögen.

Birkenhaarwasser benutze ich nicht, Fußball spiele ich auch sehr selten.

Ich habe genaue Erinnerungen an meine Kindheit. Mein Vati stammte aus Thüringen. Er war Berufsunteroffizier und verteidigte fünfundzwanzig Jahre lang die Heimat, erst bei den chemischen Truppen, dann bei den rückwärtigen Diensten. Zum Schluss, also nach der »Kehre« 1989, war Vati dann Pförtner bei der Bundeswehr. Es gibt Karrieren, die keiner verdient. Ich glaube, aufgrund der schlimmen Depressionen, unter denen mein Vater litt, genoss er bei den bewaffneten Organen in dieser niedrigen Position einen gewissen Schutz. Die Depressionen waren seine innere Mauer, er stellte sich ruhig mit »Primasprit« und »Eselsmilch«.

Diese Geschichte konnte ich erst aufschreiben, nachdem ich den Film »Das weiße Band« gesehen hatte.

Mir fällt zu meiner Geschichte noch etwas wunderbar Aufbauendes ein. Ich las das bei meinem Vorbild André Heller. André Hellers Vater ruft alle Mitglieder seiner Familie ins große Esszimmer zusammen. Eine Aussprache steht an. Alle warten gespannt.

Der Großvater sagt: »Wir wollen ehrlich zueinander sein. Schweigen wir!«

Zockeruli

Ich verstehe die Welt heute nicht, in den Medien wird angekündigt: Heute rollen Köpfe.

Heute ist Champignonspiel, ausgerechnet im Land der Pilzköpfe. Das große Duell: Rot gegen Schwarz–Gelb. Früher spielten BFC Dynamo und Dynamo Dresden gegeneinander, das war auch Rot gegen Schwarz–Gelb. Im Sozialismus durfte Schwarz–Gelb nie gewinnen. Zwar war Dynamo auch ein Polizeifußballverein, aber Dresden war nicht die Hauptstadt der DDR, deshalb erklärte Mielke, der Stasigeneral, den BFC Dynamo per Befehl vorab zum Sieger, lange bevor ein Schiedsrichter das Spitzenspiel angepfiffen hatte. Dieser Befehl hatte mehrere Vorteile. Mielke war BFC Fan, also immer auf der Siegerseite, und kein Wetter konnte je das Spiel beeinflussen.

Heute ist es genauso, nur gerade andersherum. Wir alle wissen, dass manipuliert, gewettet und bestochen wird. Wenn aber der Ball deswegen oder unabgesprochen hinter die Linie ins Tor rollt, schreien alle. Entweder erfreut oder aus Trauer. Auch das ist ein Befehl. Niemand ist kein Fußballfan mehr. Deutschland ist im Profifußball ganz oben angekommen. Nur genug Zasterpenunzen – und schon rollt der Rubel wie geschmiert. In beiden deutschen Mannschaften spielen zwar Polen, Franzosen und Ossis, aber die Siegprämien werden in unserer Einheitswährung Euro ausgezahlt.

Und da der Schein heilig ist, fällt uns bei einem Sieg nicht auf, dass die Lokalmatadoren gekaufte Legionäre sind.

Hätte Dynamo Dresden auch so einen wie Zockeruli,

wäre uns Dresdner Fans auch egal, woher das Geld kommt. Leider sind die sächsischen Selbstanzeigersteuersünder erst nach Uli zur Polizei gezogen. Das ärgert mich als Dresdner dann doch zweifach: Keiner von denen hat vorher seine Millionen dem Fußball gegeben, und jetzt ist es dafür zu spät. Nichts mehr zu holen für den Einkauf eines Pele oder Ronaldo. Abgesehen davon wissen wir alle, dass die wirklichen Großverdiener in Sachsen noch nicht zuhauf vorkommen.

Tapfer ziehen deshalb alle sächsischen Balllehrer kleine Fußballtalente zu späteren Champions heran. Damit es bald wieder in der 1. Bundesliga ordentlich kreiselt. Erst wenn genug Kohle die Elbe runterfließt, dann werden Dynamo Dresden, Wacker Leuben oder Motor Trachenberge auch im Wembley spielen.

Und für heute, den 25.5.2013, wünsche ich: Hoffentlich hält das Wetter. Möge der Bessere oder Fortuna gewinnen.

Egal ist es eh, weil sowieso eine deutsche Mannschaft den Pott gewinnt. Der Endsieg ist uns sicher.

Ich bin für Schwarz–Gelb. Warum? Die sind jetzt mal dran.

Nun: Schwarz-Geld, äh Schwarz-Gelb hat verloren, zumindest auf dem Papier.

In Wahrheit sind wir alle Sieger.

Unsere Bundeskanzlerin selbst hat es kurz vor dem Anpfiff live im ZDF verkündet:

»Freuen wir uns, denn so viele Deutsche waren noch nie auf einen Schlag in London.«

Heute ist nun ein ganz und gar trüber Tag, ein feuchter, nasskalter Vorweihnachtstag. Ja, in einem halben Jahr ist es wieder soweit, dabei hatten wir noch nicht mal Frühling. Nicht mal gefühlt – und auf »gefühlt« kommt es an. Warum wird es nicht warm? Sieht so Klimaerwärmung aus? Das hätten die uns da oben etwas früher sagen müssen! Der viele Regen, der uns jetzt heimsucht, ist ja nicht nur das Ergebnis abgeschmolzener Polkappen. Durch unsere westliche Wahnsinnswachstumsgigantomanie werden die Pole gekappt. Die Sonne zutscht zuerst das Wasser aus dem Polarmeer, um es dann erneut zu verteilen, nach dem Verursacherprinzip. Schön gleichmäßig auf des Wassers Verbraucher. Die Mühlen mahlen langsam, aber sie mahlen in den ganzen neu gebauten Windparkanlagen. Na, wenn das kein gefühlter Fortschritt ist. Energiegewinnung dient der Gewinnmaximierung. Und ist denn geschredderter Regen kein Gewinn? Schluss mit den pessimistischen Hiobsbotschaften: Regen bringt Segen. Und die Bauernregelaufschreiber hatten für dieses Wetter auch eine positive Message notiert: Ist der Mai schön nass, füllt er dem Bauern Scheune und Fass. Rudi Carrell beschwerte sich in den 70er-Jahren auch übers Wetter, das Wetter kann also früher nicht besser gewesen sein.

In den 70er-Jahren war es aber auch, da erlebte ich bewusst einen Westbesuch. Mit einem VW-Kübel fuhr Onkel Erhard vor, drinnen im Auto saßen noch seine schöne Frau Helga und meine Cousine Saskia. Die Russen dachten vielleicht an einen unbewaffneten Nachzügler oder an einen Versprengten, als sie einen VW-Kübel vor ihrer, ehemals eine Wehrmachtskaserne Dresden-Übigau stehen sahen. Offiziell durften wir Steimles ja gar keinen Westkontakt haben. Vati war bei den bewaffneten Organen. Mutti bei der Staatlichen Versicherung. Sudelede warnte uns jeden Montagabend vor diesen subversiven Elementen, die, mit Bohnenkaffee, Bananen und Bonbonieren vom Klassenfeind eingeschleust, die sozialistische Heimat bombardierten. Noch heute erinnere ich mich an die von meinen Eltern am heimatlichen Küchentisch auf der Leipziger Str. 226 geführten Grundsatzdiskussionen, ob ein Kontakt zum Westbruder meldepflichtig sei oder nicht. Dieses sozialistische Beichtgeheimnis mutet an wie das Schweizer Bankgeheimnis. Muttis Selbstzerfleischung, Selbstzerstörung beeindruckte mich. Wäre Mutti doch konsequent geblieben und ihrem Westbruder Erhard aus dem Weg gegangen! Aber sie brach das Parteigelübde. Damit sie am heimlichen Treffpunkt nicht gesehen werden konnte, kam Mutti heimlich, durch den Hintereingang des Gartens zum Familientreff. Es war Sonntag, das neben dem Garten stehende Postamt hatte geschlossen, womöglich hätten die Schalterkräfte sonst gleich nach Berlin telegraphiert: Achtung! Frau Irene Steimle hat Feindberührung zum eigenen Bruder. Mit dem eigenen Bruder Kontakt pflegen, das ist ein Verbrechen gegen die Mächtigkeit. Heute lachen wir darüber, 1974 waren diese Verbote Alltag, und deren Übertretung konnte schlimmste Konsequenzen nach sich ziehen. Diese Gewissensfragen: Gehe ich hin oder nicht? Was sage ich, wenn ich hingehe? Schweige ich lieber oder gehe gar nicht hin? Mache ich mich vor ihm verdächtig, wenn ich nichts sage? Wenn ich Westgeld angeboten bekomme, nehme ich es an? Wie sieht es überhaupt aus, das Westgeld? Wer geht dann heimlich für mich in den Intershop einkaufen? So, oder so ähnlich muss es gewesen sein. Der Staat fraß sich in die kleinste Zelle der Gesellschaft, fraß sich in die Familie. Wie absurd, kleingeistig und dumm. Die Partei sprach anderen das Vertrauen ab, das sie selbst nicht mehr besaß. Auch deshalb klappten die bewaffneten Organe 1989 ganz schnell die Waffen zusammen. Der Verrat war längst in allen staatlichen Organisationen. Weshalb kämpfen? Alle wollen weg!

Zurück zu Onkel Erhard, der 1974 im Kübel anreiste und seine Mutter besuchen wollte. Schon immer haben mich die kleinen Geschichten mehr interessiert als die Weltgeschichte. Und eine kleine, große Geschichte spielte sich in unserer Familie auch 1976 ab, als Onkel Erhard erneut zu Besuch kam. Er lud mich ein zu einem Ausflug nach Moritzburg. Nach Schloss Moritzburg, schon immer ein Sehnsuchtsort aller Sterblichen, ins Jagdschloss August des Starken, bis zu Kriegsende im Besitz der Wettiner, dem Adel der Königsfamilie. Es gab im Ort die »HO-Gaststätte« »Waldschänke«. Hier residierte der Geldadel der DDR. Bundesbürger tranken dort »Meissner Bacchus«, und gutbetuchte Handwerksmeister, KFZ-Monteure, Frisöre und Schwarztaxifahrer, also die heimlichen Herrscher der DDR, tranken »Meissner Riesling«. Jetzt durfte ich auch dahin. Onkel Erhard, samt Frau Helga und Tochter Saskia, holten mich mit dem VW-Kübel ab. Ich weiß noch, dass vorher höchst inoffizielle Kanäle von meinem Ausflug informiert wurden, denn ich war ja der Sohn zweier Geheimnisträger. Wer weiß, was ich so bei einem Mittagessen dem Onkel, der Tante und Cousine Saskia so verraten könne. Immerhin war es die Familie zweiten Grades.

Meine Körpertemperatur stieg auch um einige Grad, ob gefühlt oder ungefühlt, sei jetzt mal dahin gestellt. Ich war aufgeregt und meine semmelblonden Haare flatterten im offenen Kübelcabrio durch Dresdens Sommerfelder. Ich roch sozialistischen Getreidegeruch, es war geil. Die Hannoveraner Westfamilie 2. Grades lachte ungezwungen, lässig und konnte sich herzlich freuen. Ich saß etwas ungläubig im Fond und konnte nicht fassen, was für große, strahlend weiße Westzähne Hannoveraner vorzuweisen hatten. Ich schämte mich meiner kleinen, regelmäßig von Frau Dr. Bär gerädelten Osthauer. Alles an mir war klein.

Mein Lebenshunger war groß. War ich doch eingeladen, im eigenen Land von Fremden, in ein Lokal, welches ich nur vom Hörensagen kannte. Bananen sollte es dort geben und Ananas, Rindslende. Auch hätten die Eisbecher dort nicht den Namen »Burattino«, wie bei uns in der Kondi, und die Steaks hießen mindestens »Strindberg« für Gebildete und nicht »Stroganoff«. Dort angekommen, bestaunte ich das auserlesene Interieur. Jagdtrophäen an den Wänden, Kellner schritten mit echt gebügelten Servietten lautlos durch die Wildgaststätte. Mir zu Ehren wurde ein Staatsbankett abgehalten. Am Nebentisch hätte Franz Joseph Strauß sitzen können an diesem Tag, um die Milliarden zurückgezahlt zu bekommen, die ihm von der Stasi abgepresst worden waren. Nein, nein, alles Fantasie. So etwas hat es ja nie gegeben.

Aus reiner Nächstenliebe spendet der Vorsitzende der CSU Westmilliarden in Form eines Krediets, damit die DDR Betäubungsmittel kaufen kann, damit den kleinen Ostjungen nicht mehr der Kopf brennt, wenn deren Zähne beim Zahnarztbesuch gerädelt und gebohrt werden.

Es war für mich etwas Einmaliges, in einem mit Devisen geführten Lokal zu Mittag essen zu dürfen. Aber dass ich mit Menschen aus einem kapitalistischen Land dort saß, überwog die Bedeutung des Verwandtschaftsgrades.

Mein Heißhunger auf das »Strindberg« (schon damals medium ou four) war groß, ich war schon vor dem Essen so aufgeregt, meine Peristaltik drohte zu versagen, ein Erstickungsanfall lag durchaus im Bereich des Möglichen, wäre meine Tante nicht gleich nach der aufgegebenen Bestellung auf die glorreiche Idee gekommen, eine Meerschaumpfeife in Gang zu setzen. Hammer! Im flüsterlichen Restaurant verstummten alle und starrten mich an. Ja – mich! Ich saß nämlich mit dem Rücken zum Fenster, meine Tante mir gegenüber, den Rücken zur Restaurantmitte gewandt.

Alle glotzten mich fassungslos und strafend an und wollten mir sagen: Sag mal, spinnt ihr? Westpack! In der Mittagszeit von 11.00 Uhr bis 14.00 Uhr darf in einer sozialistischen Gaststätte nicht geraucht werden. Und dann raucht da auch noch eine Frau, eine Westfrau zur Mittagszeit am Mittagstisch. Das war Revolution! Nichts mit Friedenspfeife! In der Wildschänke war Krieg. Leise Rauchzeichen in Form von Kräuselwölkchen der Tabakmarke Amphora kündeten von der Freiheit plus Emanzipation plus:»Ihr könnt mich alle mal.« Meine Tante war für mich in diesem Moment so souverän, einzigartig verrückt und frei. Ich wusste in diesem Moment: Das ist der Westen. Mehr noch: Das ist Sex.

13–jährig saß ich gebannt vor meiner wunderschönen BRD–Tante, die mit ihren langen, blauschwarzen Haaren, den violetten Fingernägeln und der langen, schweren Silberkette um den Hals eher Kleopatra glich als einer Westtante. Ich war mit Kleopatra essen. Happening am Fasanenschlösschen, mit gepökelter Rinderzunge. Die Meerschaumpfeife hing geschwungen lässig aus dem Mundwinkel herab.

Was bedeutete doch die Gleichzeitigkeit der Ereignisse ... Mein Strindberg geriet auf Grund des Augenschmauses ein wenig in den Hintergrund. Was waren die Weltfestspiele der Jugend gegen das, was ich gerade erlebte! Nur kleinkariertes Puppentheater! Weltgeschichte wurde hier geschrieben!

Die Rechnung kam, meine Starre wich, es ging heim. Jede noch so faszinierende Aktion geht einmal zu Ende. Beständig klapperte das Silbergeschmeide im offenen Cabrio, die Rubinringe an den Fingern verkündeten mir: Hier wohnt es, das Geld.

Meine Cousine Saskia lachte mit mir und mein Onkel Erhard steuerte den Nachkriegswehrmachtskübel so souve-

rän, als lenke er den Wüstenfuchs. Fehlte nur, dass er gesagt hätte: »Ich war das fünfte Auto hinter Rommel.«
Aber ich befand mich auf dem Hoheitsgebiet der DDR. High ohne Drogen, ohne zu wissen, dass es die außerhalb der Drogerie gab. Ich wüsste auch heute nicht, welche der Drogen ich auswählen sollte. Vielleicht heißt es ja deshalb Drogenberatungsstelle.
Dann war ich daheim und wieder in der Wirklichkeit angekommen. Die Erwachsenen tranken noch ein Tässchen »Rondo«, und ich versuchte meiner Cousine Gummitwist beizubringen
Jetzt kommt das Ende, liebe ehemalige Staatsbürger beider Länder: Deshalb, wegen dieses Finales lohnt es sich überhaupt, die Geschichte aufzuschreiben. Langsam, langsam, damit verschebbert auf der Zielgeraden. Mein Vater drehte die weißgraue Asche seiner Zigarre »Handelsgold« an seinen geliebten Kakteen ab, da platzte die Bombe, die bis heute in mir Spuren hinterließ.
»Irene«, so hieß meine Mutti, »Irene, das Essen von Uwe kam 17,83 DM. Du musst es uns aber nur in Ostmark wiedergeben, Uwe war ja eingeladen.«

Kein Kommentar. Die Fakten zählen. Du sollst nicht richten, auf dass über Dich nicht gerichtet werde. Nur eins noch: Kurz nach der Kehre tauchten hier in den besetzten Gebieten, in Deutsch Nah-Ost – lustige Papageienkäfige auf. Drinnen saß ein sprechender Stoffvogel und schrie ständig: »Willst du ein Geschenk, dann gib mir eine Mark.« Daran musste ich denken, als mich der Stift zwang, diese Geschichte zu Papier zu bringen. Dämmerts? Ja, ja, es ist schon so, wir Sachsen sind nicht nachtragend ... Aber wir vergessen auch nichts. Oder wie Angela Merkel ganz aktuell sagen würde:

»Wir müssen die Glaubwürdigkeit der Märkte zurückerobern.« Amen. Sind nicht alles dies zwei Medaillen ein- und derselben Seite?

Natürlich haben meine Eltern bezahlt, 17,83 Mark, Mark der DDR, wohlgemerkt. Ich rechne heute noch um- und ab. Ab jetzt.

Mein Traum

Es gibt ja so Träume, da weiß ich manches Mal am Morgen selbst nicht mehr, war das wirklich so? Oder habe ich das alles nur geträumt. Mir erträumt?

Eines Nachts, wieder tobte eines dieser transatlantischen Gewitter, von denen wir in der DDR nie zu träumen gewagt hätten, solche schwere Gewitter konnten wir uns einfach gar nicht leisten. Zwar steht geschrieben, dass ein heftiger Traum höchstens 5 bis 6 Sekunden dauert, meiner jedenfalls muss länger gedauert haben, oder war auch dieser nur ein Traum? Bei Frauen passiert mir das manchmal schon, dass ich sofort träume, ganz real. Diese Frau da in der ersten Reihe zum Beispiel ist doch ein Traum von einer Frau. Eine Traumfrau eben.

Ich schweife aber ab vom Thema, und mein Traum beginnt.

Mit einer Frau und zwar mit Brigitte. Ja: »Frühsport mit Brigitte«, 5.55 Uhr exakt, also noch vor dem Aufstehen, da war der Traum auch schon vorbei, wenn »Mann« die Holzkeulen schwang, für sie und ihre hocherotisch-sportliche Stimme. Sie, ein weiblicher Muezzin. Und Eins und Zwei, und nicht nur die Keulen wiegen sanft und heiß im Takt auf Radio DDR 1, wohlgemerkt 5.55 Uhr. Im Traum eile ich sofort, um nicht zu sagen schnurstracks, zu »English for you« mit Diana Loeser. Wobei mir Arbeiter in Manchester auch im Traum leidtun in ihren Manchesterhosen, denn wir tragen schon Nadelcord. An einem englische PUB geht ein »Bobby«, ein englischer Polizist mit Schlagstock auf sie los, doch plötzlich verwandelt sich besagter »Bobby« in einen

Wellensittich und warb für sich und seinen Bobbykolben, aus dem größten und modernsten Vogelfutterkombinat der Republik, ja Partenberg, bei »Tausend Tele Tipps« gibt es Kraftfutter im Überfluss. Nun, das ist nichts Ungewöhnliches ... Dass ein englischer Schutzmann mit Schlagstock »Bobby« genannt wird, ist noch nachvollziehbar, selbst im Traum. Nur wieso kann dieser sich verwandeln in einen Bobbykolben für Wellensittiche?

Ich komme nicht weiter, denn plötzlich flötet mir Maryla Rodowicz, die aber heute aussieht wie Nina Lizzell, ins Hirn: »Der Teufel sitzt vorm Paradies, Wackadie und Wackadei«, worauf Vaclav Neckar sie zu beschwichtigen versucht mit: »Bewahre dir den Traum von Nautilus«, und schon ist Mittag. Zeit für die Wasserstandsmeldungen und Tauchtiefen. Die »Nautilus« muss weiter träumen, äh tauchen, nur deshalb ist auch verständlich, dass es in Modczernie mit plus minus Null noch relativ glimpflich zugeht, Hohensaaten Abstiegskanal mit 2,80 m Tauchtiefe ist bestens bedient, und es geht weiter mit: Niederfinow 2,70 m, Mittellandkanal ebenso 2,70 m, aber plus minus 4. Magdeburg und Boitzenburg: »Nicht gemeldet« – ich bin hellwach. »Nicht gemeldet.« Wo sind Messlinge? Abgehauen? Doch gerade als diese Frage geklärt werden soll, versucht mich Ljupka Dimitrovska abzulenken mit: »Rosen aus Sarajewo, die hab ich dir mitgebracht.« Dabei hat der Große Wachaufzug Mittwochmittag, 13.00 Uhr, noch gar nicht angefangen. Natürlich, jeden Mittwoch überträgt pünktlich das Radio den Großen Wachaufzug vor dem Mahnmal unter den Linden in Berlin, für die Opfer des Faschismus und Militarismus: Live. Sie haben wohl alles vergessen? Von links nähert sich langsam und im Stechschritt die Ehrenformation des Wachregimentes »Felix Dzierzynski«, die Stiefel knallen auf das Pflaster und die neu eingeführte »Quadrophonie« lässt keinen Zweifel: Bei »Die Augen links und Augen rechts« herrscht Idiotie. Denn warum brüllt der Genosse Oberstleutnant nur so? »Das Gewehr über«, keine drei Sekunden später, als ob das alles nicht schon genug wäre ... »Das Gewehr über«, schon ward es abgelöst durch »Das Gewehr ab«. Was denn nun »über«, »ab« und warum in Gotteswillen in »Quadrophonie«? Endlich entfernt sich die Ehrenformation der NVA, wie jeden Mittwoch 13.00 Uhr auf Radio DDR 1 nach rechts, ja sie gingen direkt im Stechschritt in den rechten Lautsprecher meines Röhrenradios »Staßfurt« und verschwinden auf nimmer Wiedersehen für genau eine Woche.

Ich bin wieder wach, wische mir ein paar Tränen ab, denn das Abspielen unserer Nationalhymne bringt mich einmal wöchentlich, also regelmäßig, meist am Hausaufgabentisch zum Weinen ...

Wenn ich dann den Flächeninhalt meines Kreises ins Quadrat erhob, also die Quadratur des Kreises, konnte es passieren, dass ich aufstand am Hausaufgabentisch.

Meine Mutter steckte einmal am Haushaltstag ihren Kopf ins Kinderzimmer und sah mich beim Erklingen unserer Nationalhymne aufstehen. Diesen Blick meiner Mutter vergess ich nie. Ich glaube, sie dachte nur: »Jetzt ist er übergeschnappt.« Ihr Sohn hört voll aufgedreht aus dem Röhrenradio die Nationalhymne, steht dabei noch auf am Hausaufgabentisch, zu Hause, in den eigenen vier Wänden und weint. Es war absurd, so absurd, als ob wässrige Lösung zur Fotosynthese dissoziiert ins habluide Azimut, verstehen Sie?. Macht nichts, denn ich bin schon kurz vorm Aufwachen, das spür ich deutlich, meine »Tausend Tele Tipps« rufen schon: »Regulax bringt frohe Kunde, für Kleine, Große, Schlanke, Runde, ganz ohne Kneifen, ohne Krampf, macht es dem trägen Darme Dampf.«Und da steht auch meine Traumfrau vor mir, meine Mutti. Sie weckt mich, wie jeden Morgen mit: »Uwe upstahn…, in die Schule gahn. Frühstück hab ich Dir hingestellt. Auf dem Küchentisch liegt Geld für eine Kakaomilch. Und hol mir bitte in der Apotheke 2x Regulax.« Also doch!

Als ich Kurt Böwe kennenlernte

1993 beschlossen die neuen Machthaber die Fernsehserie »Polizeiruf 110« neu zu besetzen.

Die Verantwortlichen des NDR marschierten flugs in den Schweriner Landtag und wollten unbedingt dieses Gebiet ehemaliger DDR auf ihre Seite ziehen. Der große Fernseh- und Rundfunkzerschlager Mühlfenzel wusste: Nichts ist für die gefährlicher als reiner Ostfunk auf dem Gebiet des überrumpelten Arbeiter-und Bauernstaates. Er konnte ihnen deshalb entgegengehen.

Zwei Lieblingssendungen aus Deutsch Nahost zu etablieren war das Ziel, dann könnten sich auch alle Menschen dem Westen, also dem Norden, öffnen.

Wir wissen alle, Mühlfenzel war erfolgreich. Sandmännchen und Polizeiruf sind es geworden.

Einseinsnull wurde also neu besetzt.

Beim Vorsprechen durfte alles vortreten, was »Rang und Namen« hatte. Ich gehörte nicht dazu. Mich rief Doris Borkmann an, eine feine, aufrichtige Dame. Sie war schon unter Konrad Wolf Regieassistentin gewesen und nah dran am Fernsehen und in Berlin. Ich sollte mich auch vorstellen, es wäre doch eine große Chance, jetzt, wo ein neues Gesicht gesucht wird.

Der Chef des zukünftigen Duos stand fest: Zum großartigen, klugen Theaterschauspieler vom »Deutschen Theater« Kurt Böwe, der auch vor der Kamera äußerst sensibel agierte, sollte ein zweiter Mann gefunden werden.

Nun, das alles wusste ich auch von einem Freund, mit dem ich gemeinsam auf der Bühne spielte, der hatte sich beworben und erzählte, die Agenten suchten ein Gesicht. Was läuft heutzutage nicht über Agenten, in diesem Falle die Suche nach einem Gesicht.

Ich sagte Doris Borkmann ab, weil ich die Freundschaft zum Spielpartner nicht gefährden wollte, weil ich Angst hatte und weil ich überhaupt nicht gern vorspiele.

Keine Angst, ich entferne mich nicht vom Thema.

Kurt Böwe war ein intellektueller Bauer und ein bäuerlicher Intellektueller. Extra dazu war er noch ein bauernschlauer Prolet. Eines war er gar nicht, ein Gutbürgerlicher. Schlechtbürgerlich schon eher, denn er war laut, launisch, aufbrausend, mischte sich immer ein oder eben auch nicht. Er schaffte es, in einen Satz drei Widersprüche zu packen und trotzdem am Ende des Satzes als Sieger vom Platz zu wanken.

Böwe war einer der wenigen großen Menschendarsteller, konnte ganz leise sein, zärtlich, ängstlich und schüchtern. Aber er musste das alles gar nicht spielen. Er rief diese Bausteine einfach ab, so wie der Bäcker genau weiß, wie viel Zucker nötig ist, damit der Kuchen nicht zu süß, aber auch nicht fad wird. Genau dosierend die Wirkung, auf dass der Teig nicht kippelt und das Backwerk gerät, so wusste Kurt ums Weglassen. »Weglassen«, so predigte er immer und immer wieder, ist das Entscheidende im Beruf des »Zur Schau Spielers«.

Gleich am Anfang unserer gemeinsamen Dreharbeiten, ich bemerkte, dass er am Set nicht glücklich war, nahm er mich zur Seite: »Ich sehe ja, wie Sie sich abmühen vor dem Okular (gemeint war die Kamera), ich bitte Sie herzlich, das Gesicht, also Ihres, still zu halten. Hören Sie auf mit dieser unmöglichen Mimoplastik, ich sehe doch, was Sie ausdrücken wollen. Sie können aber nicht vier Haltungen gleichzeitig spielen, also entscheiden Sie sich doch bitte für eine. Den Rest lassen Sie weg. Einfach weg.«

Ich wollte mich wehren, um meine drei anderen Haltungen kämpfen, die ich noch unbedingt mitspielen wollte: »Aber Herr Böwe … (in den ersten drei Jahren unserer Polizeirufarbeit musste ich ihn siezen), Herr Böwe, aber …«, darauf Kurt: »Sie hören jetzt zu. Die Kamera, also das Objektiv, heißt deshalb so, weil das Objektiv objektiv zuschaut, was Sie da veranstalten. Die Kamera schaut Ihnen gleichsam in die Seele, ins Herz. Sie können sich also Mühe geben, wie Sie wollen, Sie kleiner Sachse. Die Kamera sieht, wenn Sie lügen, und fängt das unerbittlich ein und bannt es dann auf Zelluloid, auch Film genannt. Ganz objektiv.«

War ich ein Lügner, wenn ich nicht das Richtige spielte? Ich begann mich zu kontrollieren, ich wollte vieles sein, aber kein Lügner. Zumindest kein Schauspieler, der lügt. Wahr und wahrhaftig und ganz und gar. Heute ahne ich, wie das Geheimnis funktionieren könnte, und natürlich hatte Kurt recht, so wie er immer Recht hatte. Aus Respekt vor diesem großen Schauspieler werde ich natürlich nicht verraten, wie zu bewerkstelligen ist, dass Zuschauer gefesselt, gebannt staunen und alles um sich vergessen, wenn einer nur gut spielt. Aber es hat schon etwas mit Magie zu tun, Menschen zu verführen, mit einer Marionette, die sich selbst am Faden hält.

Ich wollte immer kämpfen, dachte mich messen zu müssen mit diesem alten Mann, um ihn dann vor der Kamera niederringen zu können, glaubte ich damals vor zwanzig Jahren. Immer besser sein. Wie aussichtslos war dieses Unterfangen von Anfang an.

Eine weitere Lehrstunde.

Ich war wie immer perfekt vorbereitet, hatte meinen Text

drauf. Es war eine ellenlange Szene, in der vor allem ich dran war. Viel gestaltende Worte aneinanderreihen, um damit den Zuschauer am Wickel zu halten, denn darum geht es letzten Endes. Der Zuschauer darf nicht ab – oder schlimmer noch: umschalten.

Herr Böwe kam also morgens in meinen Wohnwagen, setzte sich mit dem großartigen anarchisch–menschlichen Manfred Stelzer, einem Regisseur aus Bayern, an meinen Tisch und lachte darüber, dass ich meinen Text gelernt hatte. Herr Böwe schaute sich den Text morgens um halb neun zum ersten Mal an. Ich wurde zornig, denn das Drehbuch war für mich heilig. Böwe nahm den Text, während er ihn las, auseinander und strich durch und schimpfte. »Niemand spricht so«, hörte ich. »Kein normaler Mensch aus Fleisch und Blut spricht solchen Schwachsinn. Alles papierne Scheiße – und Sie, Steimle, lernen das auch noch. Prüfen Sie erstmal, was da steht. Fleiß allein reicht nicht, Sie Kunstgewerbler. Der Text muss stimmen. Stimmt der Text nicht, brauchen wir nicht spielen, nicht mal anfangen müssen wir. Sie sind nur zu faul, sich eigene Gedanken zu machen. Stattdessen rasseln Sie hier diesen Schwachsinn herunter.« Schwachsinn war eines seiner Lieblingsworte. Weiter: »Wer wagt es, mir diesen ausgedachten Hirndreck anzubieten? Ich bin Schauspieler am Deutschen Theater in Berlin und werde diesen Text hier in Hamburg nicht aufsagen. Meine Kollegen würden mich sonst steinigen. Außerdem bin ich Nationalpreisträger, und es ist eine Unverfrorenheit, mir derartigen Quark in den Mund legen zu wollen. Der Autor, der dieses geschrieben hat, möge sofort erscheinen!« Das ging direkt an Stelzer. Ich war ja inzwischen längst erstarrt und erwartete den fälligen Wutausbruch des Regisseurs. Und was machte Manfred Stelzer, mein wunderbarer Menschenfischer? Er lachte. Tränen liefen ihm die Wangen herab.

Einer schrie, einer lachte, und ich war fassungslos und stellte fest: Hier, in diesem Chaos, ist nichts so, wie wir es an der Schauspielschule gelernt hatten. Kein Schweben des Schauspielers auf dem Trapez des gelernten Textes, um von da aus in der Szene jonglieren zu können, um diese dann letztlich zu beherrschen.

Stelzer gab Böwe in allen Punkten Recht. Die Probe für die Szene begann.

Ich wiederholte siebzehn Mal meinen Text, bis er mir zu den Ohren heraushing. Und Herr Böwe? Der alte Hexenmeister Böwe schnurrte gestisch leicht das, was von seinem Text übrig geblieben war, und das, was er dazu erfand, selbstverständlich mit Pausen, Finten, Blicken und knappen Gesten herunter und war wie immer schon »all hier«. Wie beim Wettlauf zwischen Hase und Igel war Igel Böwe zwar Stunden später gestartet, aber Erster im Ziel.

Ich staunte Bauklötzer.

Der Drehbuchautor musste auch nicht mehr erscheinen.

Die Szene war dann auch recht flink im Kasten, und Hexenmeister Böwe nahm mich beiseite und legte seinen Arm liebevoll um meine Schulter: »Schauen Sie, junger Freund, vertrauen Sie einem alten Mann und merken Sie sich diese kleine Lektion. Längere Drehbuchpassagen sind grundsätzlich das Lernen nicht wert. Aber, kein aber, wir arbeiten hier mit leicht verderblicher Ware, und als solche muss der Text auch behandelt werden. Natürlich ist es löblich, wenn Sie diese staubtrockene Dramaturgie musterschülerhaft lernen, denn Sie wollen ja mal berühmt werden.« Inzwischen hatte er meine Hände genommen und knetete diese. Das tat er auch später oft, vor allem in Momenten, in denen er mir nah und vertraut war. Er knetete meine Hände und zupfte an meiner Handhaut herum, dass es zwiebelte. Er flüsterte mir zu: »Steimle, Sie sind einigermaßen begabt, daran besteht kein Zweifel, sonst hätte Sie Doris Heinze hier nicht verpflichtet. Aber ich flehe Sie an: Halten Sie in Zukunft Ihr Gesicht still. Sie haben mit Verlaub ein nichts sagendes Backpfeifengesicht, aber wenn Sie dieses stillhalten, denkt der Zuschauer: Ah, der Steimle denkt vielleicht gerade. Verstehen Sie? Sie machen nichts und der Zuschauer denkt. Glauben Sie mir: Das ist das Geheimnis. Bei Ihnen.«

Ich hatte nichts verstanden und Böwe bemerkte es. Er hakte nach: »In Ihrem Gesicht geht nichts vor, wie auch. Sie haben ja noch keine Lebenserfahrung. Der Zuschauer aber, mit seiner Lebenserfahrung, denkt die Geschichte aus Ihrem Gesicht zu Ende. Damit sind wir gleich bei Brecht, und den haben Sie ja auf der Schule besprochen. Also Steimle, Achtung! Denken! Vor allem beim Sprechen!«

Es war einer dieser Tage, an denen ich mehr über meinen Beruf begriffen hatte als in vier Jahren Schauspielstudium. Ich schlief ein mit: »Weglassen«.

Das magische Wort hatte Böwe von Inge Keller übernommen.

Wir alle wurden ausgebildet, um Menschen darstellen zu können, über allem stand ein »warum«. Warum handelt eine Figur so? Warum ist sie so und genau so geworden? Deren soziale Herkunft war gleichermaßen der Schlüssel, um glaubhaft spielen zu können. Heißblütig, aber nicht cool. Das Wort Karriere galt lange als Verrat. Ich sehe heute noch, ob einer wahr ist. Wir wurden ausgebildet von den Besten unsres Landes. Leider kennen die Jüngeren nicht mehr: Gerhard Bienert, Herwart Grosse, Christian Graßhoff, Alexander Lang, Wolfgang Heinz, Dietrich Körner, Rolf Ludwig, Peter Herden, Rudolf Donath, Inge Keller

und Marianne Wünscher. Sie alle waren großartige Menschendarsteller. Außerhalb des Deutschen Theaters Berlin achtete Kurt Böwe noch Gert Voss und Ignaz Kirchner und Hermann Lause. Daneben ließ er niemanden gelten.
Einer seiner Lieblingssätze war: »Hat sich der Schauspieler endlich ein Gesicht angesoffen, kann er sich den Text nicht mehr merken.« Dann lachte er minutenlang.

Mir fehlt Kurt.

Und heute? Kommt ein Schauspieler nicht im Fernsehen vor, existiert er nicht. Niemand hat mehr Zeit, die Drehzeiten werden immer kürzer. Je größer der Monitor, desto kleiner der Regisseur. Viel Folie überall, Hülle, Tünche und Oberflächlichkeiten. Fern dem Leben, auf das die Zuschauer nicht genau hinsehen müssen. Die Quote muss stimmen. Ich höre Kurt sagen: »Schwachsinn! Das Spiel muss stimmen.« Viele Regisseure gucken gar nicht mehr, was die Schauspieler da veranstalten, obwohl die Menschen aus Fleisch und Blut direkt vor ihnen stehen. Alle wollen cool sein, nichts preisgeben, nicht zugeben, dass in diesem System die nackte Angst regiert. Angst und nochmals Angst. Damit einem niemand ins Herz schauen kann, lächeln wir. Früher besetzten die Regisseure einen Film. Heute erledigt das im günstigsten Fall der Redakteur, noch kostengünstiger ein Kaufmann, möglichst ein Praktikant.

Verbittert und besserwisserisch bin ich nicht, ich weiß, wir Darsteller wehren uns zu wenig gegen menschenunwürdige Spielbedingungen.

Ich wollte Ihnen erzählen, wie ich Kurt Böwe kennenlernte. Doris Borkmann überredete mich mit dem starken Argument, dass, wenn ich für die Rolle vorspielte, meinen Kindern und Enkelkindern erzählen könne, einmal mit Böwe vor der Kamera gespielt zu haben, wenn auch nur zu Probeaufnahmen.

Niemand kann sich meine Versagensangst vorstellen. Ich fuhr nach Babelsberg, nein, ich fuhr zum UFA-Gelände Oberlandstraße.

Ich erinnere mich, es roch nach Bahlsen.

In geheimen Abständen folgten die jeweils ausgewählten Vorsprechkandidaten Regieassistenten durch Flure. Alles war geschickt aufeinander abgestimmt, niemand bekam einen anderen Kandidaten zu Gesicht. Bis heute weiß ich nicht, weshalb die Aufnahmen fast generalstabsmäßig geplant waren. Endlich begegnete ich dem Regisseur Manfred Stelzer. Ach, ich gebe zu Protokoll: »Wären alle Bayern so wie er, um die Wiedervereinigung brauchte niemandem bange zu sein.«

Ich bekam einen Text zu einer kleinen Szene, sollte mich damit vertraut machen. Erst mit dem Text, dann mit Böwe spielen. Mir saß die nackte Angst im Körper. Bevor mir Manfred Stelzer die Hand zur Begrüßung geben konnte, polterte ich bereits los.

Beschwerte mich erstens über das menschenunwürdige Auswahlverfahren, denn meines Wissens waren alle Verträge längst geschlossen, und natürlich mit den Agenten, die daran besonders dick und viel verdienen, und zweitens über das Zurschauspiel, das ja sowieso nur stattfindet, damit allen Chefs übermittelt werden kann, man habe viele andere Darsteller gecastet.

Ich war puterrot, Manfred Stelzer lachte. Er fragte auch gleich nach, weshalb ich denn überhaupt angereist sei, wo ich doch sicher zu wissen glaubte, wie die kapitalistische Besatzungsbesetzungsmaschinerie funktioniere.

Hier kam mein mir von Doris Borkmann zugespieltes Trumpf-As zum Einsatz. Ich erklärte ihm auf der Stelle, dass ich ja nicht wegen des zu erwartenden Ruhms oder wegen des Geldes hier vorspiele, denn ich stünde auf der Kabarettbühne und verdiene damit gutes Geld im Kapitalismus. »Ach, Sie machen Cabaret«, fragte Stelzer nach. »Nein«, antwortete ich, »ich spiele kein Cabaret. Cabaret ist oben ohne und Kabarett ist ...« »oben mit«, ergänzte Stelzer, mein zukünftiger Regisseur.« Also bitte atmen Sie runter, sonst platzen Sie noch im Vorzimmer, und erklären Sie, weshalb sind Sie hier.« Ich hatte ja noch das Kinder- und Enkelkinderargument.

Seit diesem Tag spiele ich sehr gern für Manfred. Er ist einer der ganz wenigen Spielführer, denen ich bisher begegnet bin, die nicht vor dem Monitor hocken und mit der Quadrierung glücklich sind. Dieser Regisseur guckt. Ja, er schaut seine Schauspieler an, freut sich am Spiel seiner Ausgewählten – und wenn ihn ein Spiel zu Tränen rührt, dann weint er dicke Kullertränen. Manchmal lacht er auch dicke Kullertränen. Ich spüre bei ihm immer sofort, ob mein Spiel überhaupt die Chance hat, später den Zuschauer zu erreichen.

Stelzer schwor mich nun ein: »Also passen Sie auf, Sie gehen jetzt hinein in das Zimmer, in dem der alte Kommissar Groth hockt, gespielt von Kurt Böwe. Und Sie donnern dieses DDR-Überbleibsel zusammen. Sie sind der Chef und dieser alte Dickschädel Groth will sich ihren Anweisungen widersetzen. Mit derselben Wut, die Sie hier gerade an den Tag legen, schweigen Sie, Steimle, natürlich haben Sie Angst, das ist gar nicht schlimm und außer uns beiden weiß das auch keiner, vor allem nicht Herr Böwe. Wandeln Sie Ihre Angst für drei Minuten in Wut um und stauchen Sie dieses alte DDR-Relikt zusammen. Toi toi toi.

Ich tat es. Ich stauchte Groth zusammen und behielt dabei sogar die drei Sätze Text im Kopf, die mir vorher übertragen worden waren. Ob ich überhaupt etwas gespielt habe, ich weiß es nicht. Ich sah Herrn Böwe. Er saß in einem dunkelblauen Kaschmirpullover, die Haare lockig grau, und sein Gesicht war groß. Kleine, violette Äderchen durchzogen die pergamentdünne Gesichtslandschaft. Er würdigte mich keines Blickes. Aus den ruhigen Augen, die unter den schweren Lidern lagen, sah er mit festem, lauerndem Blick auf die Tischplatte vor ihm.

Ich begriff, da saß ein ganz Großer.

Später erklärte mir Kurt einfühlsam, dass er mich nur deshalb nicht ansah, damit mir das Herz nicht in die Hosentasche rutschte. Er hatte meine Gemütslage bereits gehört und spürte, ein Blick würde genügen, und ich kleiner, sächselnder Kabarettist könnte keinen Satz mehr sagen.

Vor mir saß die DDR. Gut riechend, im edlen Kaschmirpullover, sein alter Lederbeutel hing über der Stuhllehne.

Ich war nie Papst. Ich war Böwe.

Auch damals, während der Probeaufnahmen, hatte ich den längsten Text. Sätze über Sätze. Die Rollentexte von Kurt waren eher: mhm, so, aha, ts, mhm. Mit diesen Worten gestaltete er ganze Biografien, dazu kam sein Atmen, ein Atmen, das eher an ein Rascheln erinnerte. Kurt war seit seinem vierten Lebensjahr Asthmatiker, was ihn aber nicht davon abhielt, in späteren Jahren kräftig zu rauchen und hier und da ein Körnchen zu trinken. Oder auch zwei. Er erklärte mir auch, weshalb ein Bier allein zu trinken nicht ausreiche. »Steimle, sehen Sie, Sie gewissenhafter junger Sachse, junger kleiner Dachs, ein Bier allein entfacht noch kein Blitzen im Gehirn. Ein, zwei Korn dazu wirken als Zündkerzen. Verstehst du, blitzen muss es, sonst brauchst du gar nicht saufen!«

Kurt behandelte mich liebevoll, war warmherzig, gütig und großzügig, konnte mich im nächsten Augenblick, cholerisch wütend und mit blauem Gesicht, anbrüllen: »Steimle, Sie dummer Mensch, Sie sind ja dumm, dumm, dumm. Und mit dummen Schauspielern spiele ich nicht! Diese ewigen, furchtbaren Dresdner Kunstgewerbler.« Was war geschehen? Ich hatte in einem Nebensatz angedeutet, dass ich einen Autor nicht mochte. Kurt fragte sofort nach, welches Buch ich zuletzt von ihm gelesen hatte, welche Bücher dieses Autors ich überhaupt gelesen hatte, warum mir seine Theaterstücke nicht gefielen. Ich saß in der Falle. Ich kannte keine Prosa des Dichters und seine Theatertexte nur sparsam und konnte einfach nichts darüber erzählen, aber eben auch mein Missfallen nicht begründen. Geschwindelt hatte ich, einem Fünfzehnjährigen gestattet man solch Schwindel. Nicht aber mir. Ich war zweiunddreißig Jahre alt, zweifacher Familienvater, und gab als solcher vor, selbst Kinder erziehen zu können.

Ich danke Kurt dafür, dass er während unserer gemeinsamen Dreharbeiten immer wieder donnerte, brüllte, polterte, belehrte, erklärte und dozierte. Mein väterlicher Freund interessierte sich für mich, nahm sich für mich Zeit.

Niemals lächelte Kurt eines meiner schwachen Argumente weg, niemals überging er eine noch so kleine, dümmliche Gemeinheit. Er hasste jede Art der Anbiederung, falsche Ehrerbietung, und überhaupt lehnte er lautes Gehabe ab.

Es sei denn, er brüllte selbst.

Er hat mir in dieser Zeit vieles beigebracht, bis heute befrage ich ihn gedanklich.

In seinem Arbeitszimmer in Putlitz in der Prignitz hing an der Wand ein Satz von Thomas Bernhard: »Es ist alles so grauselig.«

Liebe Leser, Sie haben bemerkt, dass ich etwas hin- und hersprang in meinem Gedankengebäude. Hier ein Stein, da ein Stein, denn wie im richtigen Leben geht es nur auf Umwegen vorwärts. »Rommel« bekommt den »Bambi-Award« und »Dschungelcamp« den »Grimme-Preis«. Hauptsache Aufmerksamkeit, Hauptsache anders. Logik? Ist der Feind der Unterhaltung.

So, nun aber zur Auswertung des Vorspiels! Es ging für mich um die Rolle des Kommissar Hinrichs.

Nun, es betrug sich aber zu einer Zeit … Ja, das Märchen ging weiter. War es doch wie im »richtigen« Märchen, ich hatte den Backofen bereits erreicht, das Bäumchen geschüttelt und war auch schon in den Brunnen gefallen und würde nun bald pures Gold in den Händen halten! Ich war Uwe im Glück. Nun noch die Krone!

Kurt Böwe stand auf, kam hinter seinem Schreibtisch hervor und schaute mich zum ersten Mal an. Ganz fest in die Augen blickte er und fragte: »Wie ist Ihr Name?« Ich nannte meinen Namen. »Mhm«, sagte er, »und jetzt muss ich Sie noch etwas fragen, Herr Uwe Steimle, was sehen Sie?« »Ich sehe Sie, Herr Böwe.« »Aha, und wohinein blicken Sie, Uwe Steimle aus Dresden?« »Ich blicke in Ihr Gesicht, Herr Böwe.« »Und was sehen Sie?«, drängte er. Oh Gott, wo wollte der mit mir hin? Ich sah ein großes, gutmütig großväterliches Gesicht, etwas müde, doch lauernd. »Ich sehe zwei Augen.« Das konnte ja nicht falsch sein. »Was fällt Ihnen auf, junger Freund, wenn Sie mir schon in die Augen sehen?« »Sie haben zwei verschiedenfarbige Augen. Ein braunes und ein blaues.« Ich war mittendrin. »Aha, und was schließen Sie daraus?«, fragte dieser respekteinflößende Großschauspieler. Geben Sie zu, lieber Leser und liebe Leserin, eine Antwort auf die erneute Frage fällt schwer. Ich hatte inzwischen seit

einer Stunde nicht mehr geatmet, und mit letzter Kraft sagte ich: »Zwei verschiedenfarbige Augen sind sicher etwas sehr Seltenes und Besonderes.«Böwe holte aus: »Ich danke Ihnen für die etwas schmeichelhafte Einlassung, und vor allem merken Sie sich Folgendes: Immer genau hinsehen, verstehen Sie? Genau hinsehen. Manche haben nicht nur zwei Augen, sondern auch zwei verschiedenfarbige. Und was bedeutet das?« Die Antwort lieferte er gleich selbst: »Nichts ist sicher. Ich wünsche einen Guten Tag.«
Herr Böwe drehte ab, lockerte mit den Händen sein Haupthaar, schnappte seinen Lederbeutel und war weg.

PS: Der Lederbeutel. Kurt Böwe behauptete von sich immer, er sähe im Gesicht aus wie die ganze DDR. Etwas ausgelaufen, grau und gutmütig. Kurt trug täglich diesen Lederbeutel mit sich herum. Ein edles Stück, gekauft sicher in »Exquisit« oder »Delikat«. Er trug ihn mit Königswürde. Der 1. Schauspieler im Staat war auch der 1. Beutelgermane des Landes.
Später lüftete er noch ein anderes Beutelgeheimnis. In dem Lederbeutel befanden sich noch ein Dederoneinkaufsbeutel und ein Einkaufsnetz. Auf meine Frage, wozu er diese ganze Beutelei denn brauchte und sie ständig mit sich herumtrug, antwortete er mit dieser Stimme, die ich aus tausend anderen Stimmen heraushörte: »Ich benötige diese Beutel, falls es mal was gibt.«

PPS: Kurts Beutel wurde kurz nach seinem Tod entsorgt. Ich fischte ihn aus den Requisiten, und heute hängt er für mich jederzeit griffbereit in unmittelbarer Nähe meines Schreibtisches. Wenn ich nicht mehr weiter weiß, schaue ich hinein.

Wir sind nicht mehr Papst

Am Rosenmontag trat der Papst zurück ... Ja, 5 vor 12.
Die Nachricht platzte mitten hinein in die noch gar nicht betrunkenen Rosenmontagszüge, wie eine Bombe. Kein Gag oder Jeck, wie die Katholiken sagen, nein: Der eilige Vater verlässt den Heiligen Stuhl.

Auf Latein trägt der Stellvertreter Gottes selbst seine Abdankung vor, Gott sei Dank auf Latein, sonst hätten wir ihn womöglich noch verstanden.

Die anwesenden Kardinäle verstehen kein Latein. Nur Bahnhof.

Vor 500 Jahren verließ schon einmal ein Papst von sich aus den Heiligen Stuhl, danach folgte nach dem Mittelalter finsterstes Mittelalter. Und heute geht es ab ins Kloster, der Rest ist Schweigen. Ratlos werden wir Erdenschäfchen zurückgelassen. Der oberste Hirte kann nicht mehr und stellt blasphemisch fest: Die Erde dreht sich heutzutage immer schneller. Das hätte sich Galileo Galilei nie getraut zu sagen.

Wir leben aber auch in einer irren Zeit: Gysi wird angeklagt, und wer tritt zurück ... Der Papst. Böse Zungen behaupten ja: Hätte man den Gysi nicht angeklagt ...

Erinnern Sie sich noch? Als im Jahre des Herrn 2011 der Missbrauchsskandal innerhalb der Katholischen Kirche öffentlich wurde, haben Sie da bemerkt, dass das Wort Kinderschänder gar nicht vorkam, bestenfalls Knabenliebe? Ach Gottchen, jedenfalls, als die Verschleierungstaktik der alten Männer der Kurie partout nicht mehr zu verstehen war, titelte der in Berlin erscheinende »Tagesspiegel«: » Papst steht hinter den Bischöfen.«

Zwei Wochen später erreichte besamter, Verzeihung besagter Missbrauchsskandal den Vatikan. Da titelte die »taz«: »Bischöfe stehen hinter dem Papst.« Da bekam das Wort Deckmantel für mich eine ganz neue Bedeutung.

Morgen nun, zwei Tage nach Joseph Eichendorffs 225. Geburtstag, ist es wieder soweit, ein neuer Stellvertreter Gottes auf Erden wird gewählt werden.

Alle fiebern dem Tage entgegen. Wer wird es diesmal? Vielleicht ein farbiger Schwarzer, die sollen ja ganz besonders potent sein ... als Papst.

Von mir aus kann es das nächste Mal gleich ein Jude sein. Nu, warum denn nicht, ein jüdischer Papst, das hätte doch was, so etwas gab es noch nie.

Wichtig wäre nur: Er bezahlt die eine, offene Rechnung, die vom Abendmahl. Mit ohne Zinsen. Amen.

Und weil wir gerade bei der Hoffnung sind: Als ich zu meines Vaters Geburtstag an dessen Grab war, es war bitterkalt und frostig, erblickte ich doch unmittelbar neben seiner letzten Ruhestätte auf dem Gottesacker die ersten Schneeglöckchen.

Herr, ich danke dir von Herzen, denn daraus schöpfe ich wieder neuen Mut. Es sind die kleinen Zeichen, Gesten und Mutmacher, die uns trotz allem freundlich bleiben lassen. Und am Abend in der Kaufhalle durfte ich einen erneuten Hoffnungshinweis schauen. Am Ausgang meines Tempels der Nahrungssuche, als die Angebote den Ausgang fast unmöglich machten, standen in folgender Reihenfolge: zwei Bierkästen zum Preis von einem, daneben Streusalz und daneben deutsche Graberde. Da hat sich doch jemand was dabei gedacht.

Übrigens, damit dieser Tag heute für Sie noch heller strahlen möge, vertröste ich Sie hier mit meinen Gedanken, auf dass auch Ihr Lachen heller strahlt.

Mir ist ein Pfund Brillanten auch lieber als ein Pfund Butter.

INTERMEZZO

Dein Bildnis wunderselig
Hab ich im Herzensgrund,
Das sieht so frisch und fröhlich
Mich an zu jeder Stund.

Mein Herz still in sich singet
Ein altes schönes Lied,
Das in die Luft sich schwinget
Und zu dir eilig zieht.

Joseph Freiherr von Eichendorff

Der neue Papst ist Argentinier

Tango, Militärjunta, Evita Perron, Lateinamerika. Diese Begriffe fallen mir spontan ein, denke ich an Argentinien. Es sind viele Nazis nach dem Krieg dorthin geflüchtet. Auf jeden Fall beherrscht der Neue Latein, kommt er doch aus Amerika. Er wird sich verständlich machen können, hoffentlich, jedem Mann und jeder Frau. Beeindruckt hat mich seine allererste Geste auf dem Balkon. Nicht von oben herab spendet der Stellvertreter Gottes den Segen für die Stadt und den Erdkreis, nein, bevor er uns segnen will, bittet er bei den Menschen um Segen. Das hat mich berührt. Fast jeder von uns hat ein feines Gespür für Gesten, deren Haltung und Botschaft dahinter. Das Schäfchen spürt, ob es gerufen wird oder ob so getan wird.

Einer beginnt und schlägt den richtigen Tonfall an und läutet nicht nur die große Glocke.

In einem Land, in dem Menschen mit Geldhandel und durch Spekulationen mehr verdienen als die Menschen, die das Geld erarbeiten, stimmt etwas Grundsätzliches nicht. Ich stelle fest, dass in Argentinien, in der ganzen Welt, selbst in Europa Menschen durch schwere Arbeit vernichtet werden. Auch ohne Konzentrationslager. Franziskus formulierte es ja so ungefähr: »Die Ungerechtigkeit auf dieser Welt stinkt zum Himmel.«

Wünschen wir dem neuen Oberhirten viel Gesundheit und Kraft, auf dass er viele Menschen durch seinen und deren Glauben erreicht. Ein Papst, der U-Bahn fährt, ist ja im wirklichen Sinne ganz unten und mit seinem Latein noch lange nicht am Ende.

Lateinamerika ist das Zuhause der Menschen aus Peru, Venezuela, Chile, Panama, Costa Rica, Brasilien. Dort wird sozialer Friede auf andere Weise »in Angriff« genommen. Durch Gebete wird da schon lange nichts mehr ausgerichtet. Da wird gekämpft. Anstelle des Gebets steht dort das Wort »Solidarität«. In Rom scheint man begriffen zu haben: Es ist Zeit, Gott beim Wort zu nehmen. Denn die Reichen sind für die Armen da.

Für mich sind die Zauberworte unserer Zeit: Trost und Hilfe. Der Rest ergibt sich dann von selbst. Zugang zu Bildung für jedermann und jede Frau. Für alle Zugang schaffen zum Wasser. Bildungshunger soll ja durstig machen ... nach Liebe.

Ich wünsche Franziskus, da er mich auf dem Petersplatz in Rom darum bat: ein weites Herz.

Tschechenkaugummi auf dem Polenmarkt

Es gibt so Tage, da weht und zerrt der Wind draußen in solcher Art, dass ich nicht aus dem Haus will. Wenn es dann noch regnet, rollen wir uns ein und blasen Trübsal. Wir, das sind Katerchen und ich. Erinnerungsgeladene Tage. Passend zu diesen und zum Wetter, las ich gestern in der Zeitung, dass einem buddhistischen Mönch die Erleuchtung kam: Kein Glück kommt ohne Leid. Aha. Mal sehen, ob das Mönchlein auch gleich noch ein Beispiel mitliefert. Mönche mögens heiß und haben viel Zeit, können uns Erdbeladene mit einleuchtenden Beispielen trösten, auf die unsereins gar nicht kommen kann durch die Verrichtung der täglichen Verrichtungen zu Ehren des Gottes Mammon. Ich verkünde jetzt also stellvertretend für den Stellvertreter des Dalai Lama die Erkenntnis: »Auch eine Lotosblume braucht Schlamm.« Kein Glück ohne Leid war der philosophische Ausgangspunkt seiner Hinwanderung. Lotosblume = Glück, Schlamm = Leid.

Zum Glück wusste Deutschland nicht, dass die USA, unser Leid, Einsätze von Drohnen, also von unbemannten Flugobjekten, aus in Deutschland befindlichen Militärbasen steuert. Und der Mackie, hatte auch ein Messer und von allem nichts gewusst. Brecht war ein Glück für Deutschland, Leid tragen nur die Aufständigen in Afrika. Die werden von den Drohnen getötet. Aber zum Glück regnet es dort nicht so furchtbar langanhaltend wie hier in Deutschland. Ich bin des Regens leid und wünsche mir für morgen Glück und

Sonnenschein. Die Bauernregeln und der Hundertjährige Kalender sind längst davongeschwommen. Der Dalai Lama verkündet mir ungefragt: Auf Marmor wächst kein Lotos.

Meine Eltern kauften mir auf dem Polenmarkt tschechische Kaugummis der Marke »Pedro«. Zu meinem Leid und zu meiner Eltern Glück konnte man mit denen keine Blasen machen.

Bevor wir in Familie in großen Abständen auf diese nicht unbeschwerliche Reise zum Polenmarkt aufbrachen, musste mein Zimmer sehr, sehr sauber sein.

Zuerst musste ich das Zimmer lüften. Fenster und Zimmertür standen offen, die Fensterklammer klemmte zwischen Rahmen und Fensterflügel, damit der Laden nicht zuschlug. Die Fensterklammer hatte ich selbst im Werkunterricht hergestellt.

Nun, bei guter Luft, durfte ich damit beginnen, das Zimmer auszuräumen. In geordneter Reihenfolge verließen Stühle, Tisch, Teppich bzw. Bettvorleger den Raum und nahmen einstweilen im Flur Platz. Das Klappbett wurde, wie es sein Name verlangte, hochgeklappt. Eigentlich war es fast immer hochgeklappt, nur wenn ich drin schlief, war das nicht möglich. Ansonsten kündete nie etwas von meiner Anwesenheit und von der Aufgabe dieses Möbelstückes. Vor allem war meinen und meiner Eltern Gäste der Blick auf mein Bett streng untersagt. Noch heute erinnere ich mich an die mahnenden Worte meiner Mutti: «Uwe, du erwartest morgen Mädchenbesuch, das Bett bleibt hochgeklappt!« (Kein Glück ohne Leid!)

Die Rollen des Bettes wurden von mir regelmäßig geölt, die sonst eventuell herausfallenden Späne hätte ich ja heimlich irgendwohin kehren können.

Schaufel und Besen standen für mich bereit, ebenso die

Flasche Puritas mit Läppchen.»Uwe, verplempere nicht so viel Möbelpolitur!«
Puritas war die Möbelpolitur mit dem besten Geruch auf der ganzen Welt. Sie kommt aus dem Städtchen Pobershau im Erzgebirge. Auf der Gebrauchsanweisung wurde mir versprochen, dass, wenn ich die Politur nur gründlich in die Poren des Holzes einarbeite, der Holzwurm, der sich im Holz sicher wiegt, restlos und schnell getötet wird. Jede Woche. Nach dieser Prozedur roch es in meinem Zimmer nicht nur sauber, sondern gründlich.

Nach Wischen und Trockenwischen des Bodens stand während der anschließenden Trocknung desselben dem intensiven Abseifen des Türblattes nichts mehr im Wege. Mit Muttis Hinweis»Die hat es nötig« war mein Schicksal besiegelt, ich war der Seifer.

Danach das»Einbohnern« des Zimmerfußbodens. Diese verantwortungsvolle Tätigkeit versprach nur Erfolg, rutschte man auf den Knien durchs Zimmer und schwang man den Lappen kreisförmig von links nach rechts. Wie man schreibt, so wird gebohnert.

Danach kam der gefährliche Teil des Samstagvormittags. Während der von Mutti angeordneten Einwirkzeit des Bohnerwachses, lange und gründlich war bestimmt, gab es für mich eine Reihe von Nebenaufgaben. Schrubber reinigen, die Fusseln ordentlich raspulen, Wischwasser entsorgen, den Eimer und Lappen ... Müll runtertragen, die eigenen Haare waschen:»Uwe, du hast einen Fettkopp, wie dein Vater, wahrscheinlich vererbt sich so etwas.«

Endlich kam die Bohnerkeule zum Einsatz. Ein weiches Poliertuch wurde um den Bohnerkopf geschlungen, und zärtlich, mit klick und klack, schwebte das Tuch über den Boden. Erst wenn das Linoleum so blank war, dass ich mich darin spiegeln konnte, war alles gut. »Alles wieder einräumen, Uwe, und melde das Zimmer bei Vati ab!«

Vati war Stabsfeldwebel und als solcher zuständig für die Ausstattung und Bekleidung im Dienst, zuhause überwachte er mein Zimmer.

War dieses von mir niemals liebgewonnene Ritual im Steimle'schen Tagesdienstablaufplan überstanden, war Mutti mit dem Mittagessen soweit.

An manchen Sonntagen durfte der Mittagsabwasch bis zum Abend liegenbleiben, dann fuhren wir nach Görlitz zum Polenmarkt.

Schon vergessen

Es war der 30. Juni 2010, als Christian Wulff zum Bundespräsidenten gewählt wurde. War das nicht geschickt eingefädelt worden von unserer Kanzlerin? Sie muss es damals bereits gewusst haben, dass, wer an so einem Schicksalstag gewählt wird, sich nicht lange im Amt wird halten können. Was stand im Pionierkalender für den 30.6.? Walter Ulbricht hat Geburtstag. Frau Merkel kennt ihren Pionierkalender. Viele Menschen würden sich gerne zur Ruhe setzen, so wie Christian und Bettina, aber sie können es nicht. Vor allem es sich nicht leisten. Die angesparte Lebensversicherung reicht für die letzten Unternehmungen und Hobbys nicht mehr aus. Wie steht es aber um die Sterbeversicherung?

Herr Zieschong antwortet darauf ganz klar mathematisch: »Drei Jahre muss ich noch leben, dann hab ich das Geld rein. Meine Versicherung gibt mir Bescheid … wenn es soweit ist.« Man möchte Herrn Zieschong zurufen: »Um Gottes Willen, Herr Zieschong, Sie leben ja für den Tod!« »Ich lebe nicht! Ich spare! Dann kann ich mich endlich ooch mal zur Ruhe … Ja, ja, ja, spare für den Tod, da hast du vorher im Leben nur Not«, entgegnet er seine Lieschen Müller-Weisheiten. So weit ist das nicht hergeholt. Not tut es auch, sich zu erinnern. Dieses am besten noch zu Lebzeiten, damit man keine Geheimnisse mit ins Grab nehmen muss. Und: Not macht erfinderisch. Zur Not erfinde ich auch Geschichten, nur langweilig dürfen diese nicht sein.

Die besten Geschichten aber schreibt das Leben. Kürzlich riet uns Obama, angesprochen auf das tiefe Misstrauen in die NSU, Verzeihung NSA, dass wir Deutschen uns bloß nicht so viele Gedanken machen sollten ob des Abhörens. Betroffen sind davon nur die Ausländer. Das sagt ein Friedensnobelpreisträger. Welchen Krieg hat er befriedet, welchen verhindert?

Welche Angst muss dahinter stecken, alle und alles abzuhören! Zu manch Äußerungen fällt da auch mir als Kabarettisten manchmal nichts Dickeres mehr ein.

Leben wir in einer amerikanischen Besatzungszone?

Gauck aber, unser eitel Rostocker Sonnenschein, schlug dem Fass die Krone ins Gesicht, als er feststellte, dass in einer Diktatur Menschen abgehört werden zum Zwecke der Einschüchterung, in der Demokratie geschehe das aber umgekehrt, um die freien Menschen in der Demokratie besser schützen zu können. So ungefähr könnte es auch im Sportpalast geklungen haben … Und Mielke liebte auch alle Menschen.

Auf der Mangel – In die Mangel – Durch die Mangel

Meine Großeltern in Suhl, samt Vati, bildeten die Plättfraktion. Ja, in Thüringen schwor man auf gebügelte Bettwäsche. In Sachsen aber, in Muttis und in meiner Heimat, versprach nur gut riechende, steif gemangelte Bettwäsche erholsamen, gesunden und tiefen Schlaf.

Weil: mit nur Mangeln erwischt man nicht »alles im Gewebe«, außerdem dauert Mangeln nicht so lange wie Plätten, deshalb kann das von vornherein nichts sein. Was »alles im Gewebe« war, wurde mir nie erklärt, und doch hatte diese Thüringer Volkslogik etwas einleuchtend Überwältigendes, noch dazu von den eigenen Großeltern vorgetragen. Getreu dem Motto: Nur was lange geplättet wird, wird glatt. Schnell ist nie gründlich, Ruckzuck ist Teufelszeug. Eine gute Hausfrau hat den ganzen Tag zu tun und ist niemals fertig. Nur der Sonntag hält freie Zeit für sie bereit. So weit, so gut.

Nach diesem Exkurs über das Plätten sind wir glatt in der richtigen Zeit drin, nämlich in der Zeit, wo es noch Mangelpläne gab in der Volkswirtschaft... und zwar ganz offiziell.

Wochenlang vorher mit genauem Termin ins Buch eingetragen – schon gehörte man zur Mangelgesellschaft. Pünktlichkeit war angesagt, zu früh bedeutete unnötiges Warten, die Mangel war noch besetzt, und fremde, schlecht zusammengelegte Wäsche wollte niemand sehen. Zuspätkommen war noch schlimmer, denn dann schaffte man den Korb nicht, und mit ungemangelten Taschentüchern nach Hause zu fahren, das war fast schon »Jugendwerkhofniveau«, also asozial.

Mutti schwor mich schon am Vorabend ein: »Lommel, morgen brauchst du dir nachmittags nichts Großartiges vornehmen, wir gehen mangeln. Hole, nachdem du deine Hausaufgaben erledigt hast, gleich den Leiterwagen aus dem Keller und fette mit Speck Räder und Deichsel ein, dann quietscht das Ungetüm nicht. Und ordentlich abkehren bitte und lass Leiterwagen und Wäschekorb bitte keinesfalls lange unbeaufsichtigt stehen.«

Damals gab's noch die Mauer, und dass Holländer später, also nach der Kehre, ganze Straßenzüge »leiterwagenleer« kauften, ahnten WIR nicht.

Am nächsten Tag bereitete ich also unseren Mangelnachmittag vor, hievte, wie mir befohlen, den Wäschekorb in den Wagen und wartete auf Mutti. Sie kam pünktlich um halb fünf, zog sich die Straßensachen aus, füllte die Thermoskanne mit Kakao. Und wir zogen los in den Keller der Wäschemangel, ehemalis Dachdeckerei Dietrich. Wäschekorb und ich oben auf dem Leiterwagen, Mutti an der Deichsel. Ich hätte meine Mutti auch gern mal durch Dresden-Trachau gezogen, sie war ja so fleißig und kam immer todmüde von der Arbeit. Sie aber lachte darüber und sagte, später, wenn sie nicht mehr »so« kann, könne ich sie ziehen nach Herzenslust. Ruckzuck wird die Zeit bis dahin vergehen, so schnell können wir gar nicht gucken. »Heute fahr ich dich noch einmal, und dafür hilfst du mir dann in der Mangel.«

»Die Taschentücher liegen dicht an dicht, da brauche ich dich zum Absammeln, sonst schaffe ich den Korb nicht in der Zeit.«

Was gäbe ich drum, noch einmal mit meiner Mutti zur Mangel zu gehen.

Habe mir schon eine Gaslaterne in den Hof gestellt, über eine Mangel denke ich schon nach, denn es geht ja bekanntlich nichts über eine gepflegte Mangelwirtschaft und irgendwann lass ich mir auch noch einen altdeutschen Backofen ins Hinterhaus bauen und fahre meine Mutti auf dem Leiterwagen durch mein Dresden. Sie hat es sich so verdient. Genug, sonst denken Sie noch, ich will die DDR wiederhaben. Zurück zur Mangel.

Im Keller angekommen, kontrollierte Mutti auf Staubfreiheit und wuchtete den Korb nach oben. Staubfreie Sauberkeit war nur gegeben, wenn die Mangel kürzlich benutzt worden war, andernfalls verdreckte ein Keller recht schnell.

Wer kennt ihn nicht, diesen herrlichen Duft luftgetrockneter Wäsche. Kein Weichspülergestank, sondern nur Sauerstoffduft in den Laken. Ein Fingerschnips und den Frühling oder den Sommer, die Wiesen, Hecken, Obstbäume aus den Kleingärten hinter dem Wohnhaus, das alles konnte ich in den ehrlich gewaschenen Kopfkissen riechen. Bis in die Träume hinein reichte der Duft. Winterwäsche roch wieder anders, frostiger.

Familie Damaschkes Wäsche, auch Familie Bodes Wäsche aus dem Vorderhaus roch ganz anders, roch fast gar nicht, eigentlich nach »nüschd«.

Unsere Wäsche roch nach Kernseife, Mandel und Pfirsich, aber nur nach einem Hauch von Pfirsich, heute würde man sagen: »im Abgang aprikosig«.

Wichtig für Mutti war, dass die Wäsche noch nicht ganz zusammengetrocknet war, das besprach sie jedesmal persönlich mit dem Wind.

»Wäsche, die beim Mangeln schon zu trocken ist, fühlt sich an und sieht aus wie ›nur‹ gebügelte.« So meine Mutti, die selbst die Klammern zur Ordnung zwang. Beim Klammern galt Akutaresse, das bedeutete genaueste Abstände und Sortenreinheit. Zwei rote, zwei gelbe, zwei blaue, niemals bunt. Ach, und die Bettwäsche klammerte sie sowieso nur mit Holz fest. »Zeige mir die Wäsche auf deiner Leine und ich sag dir, wer du bist.«

Bei Hofmanns war alles wie wild bunt durcheinander geklammert. Und auch die Wäschestücke waren nicht nach der Größe sortiert. Mutti wäre am liebsten nach unten auf den Wäscheplatz gegangen und hätte umgeklammert.

Ich war noch klein und konnte unter die Mangel schauen und Staubwolken und Mutzel sehen. Wegnehmen durfte ich sie nie.» Lommel, du bleibst hier, es sind schon Mangeln selbstständig losgegangen«, flößte mir Mutti Angst und Schrecken ein. Genau diese Sätze zwingen ein Kind zum Denken. In meinen Träumen lag ich immer darunter. Wie darunter? Na, unter dieser mit Wackersteinen gefüllten Dogge. »Und Hände weg von den Gittern, es sind schon Kinder unter die Doggen gezogen und platt Kinder gemangelt worden«, legte Mutti nach. Alles, nur das nicht. Alles nahm ich wörtlich, wie alle kleinen Kinder alles wörtlich nehmen. Kleine Kinder kennen keine Ironie.

Wie Sie heute sehen, überlebte ich, durfte Mutti wenigstens helfen, das Gitter zu öffnen. Ohne die Finger durch das Gitter zu stecken! Mutti bewahrte mich auch mit scharfen Worten davor, mit »ohne Finger« durchs Leben gehen zu müssen.

Ahnen Sie, welcher berühmte Autor auch mit seiner Mutti auf der Mangel gewesen sein muss? Franz Kafka, ich bin mir dessen sicher.

Mutti schärfte meine Sinne. Obwohl ihre Stimme an diesen Tagen scharf wie ein Fallbeil war, gehörten die Mangelstunden zu den schönsten meiner Kinderzeit.

Ich war mit Mutti zusammen und konnte ihr helfen.

Heute liegen die Mangeltücher als Tischdecke auf meinem Tisch, aber Sie ahnen es schon: gebügelt.

Aus Gründen der Völkerverständigung habe ich von der »Mangel« gesprochen. In Sachsen heißt das Ungetüm aber: »Rolle«.

Elbe an die Börse

Innerhalb eines Jahrzehntes hatten wir jetzt das zweite Jahrhunderthochwasser, lässt uns hoffen … auf ein Jahrtausendhochwasser. Besser noch auf eine Sintflut.

Wir sind Flut. Nicht mehr Papst. Sind das etwa Aussichten?

Die Übeltäterin, besser, die Schuldige für diesen ganzen Schlamassel ist auch schon ausgemacht: die Elbe.

Sie stieg an, lief über und blieb nicht in ihrem Bett. Was tun, fragen Fortschrittsgläubige, was tun? Die Elbe muss im Zuge der Turbowachstumsideologie praktisch privatisiert werden. Ja. Am besten noch heute. Die Elbe muss an die Börse, koste es uns, was es wolle. Am besten, wir holen für diese Aktion den Mehdorn, da fließt die Elbe nie mehr bis Hamburg.

Am wichtigsten ist, dass die Elbe in die Hände gerät von Speck– äh, Kuhlanten. Die neuen reichen Eigentümer lecken sich jetzt schon ihre Finger, soll die Elbe es nur wagen, wieder über die Ufer zu treten!

Da wird sie ganz umgeleitet nach Prag! Wer nicht hören will, muss fluten. Ganze Staustufen verschwinden dann auf Nimmerwiedersehen. Böhmische Dörfer seien das … Böhmische Dörfer gibt es dann nicht mehr. Die Böhmen, ach die mähren doch sowieso.

Uns steht das Wasser bis zum Halse. Aber wir trösten uns. Unser alternativloser Kapitalismus könnte ohne Kriege und Katastrophen doch gar nicht überleben.

Sie sind erst das Salz im Süßwasser der Gezeiten. Die ersten Bauernopfer, deren Kartoffeln diesmal wieder zu klein

waren, rufen schon:»Macht euch von unserem Acker! Noch eine Flut und wir sind saniert!« Wissen Sie, was unlängst der Chefökonom von Goldman Sachs preisgab?»Wäre die Erde eine Bank, sie wäre längst gerettet!«
Zusammengerafft können wir sagen, dass unsere Lebensweise in den letzten Jahrzehnten gar nichts mit den Wetterkapriolen, die uns gerade ereilen, zu tun hat.

Wir denken sowieso lieber nach wie vor, genauer gesagt: Bis 1989 wurde die Welt doch immer nur verändert. Es kommt jetzt darauf an, sie zu interpretieren! Alles hängt bekanntlich mit allem zusammen.

Lassen Sie mich folgenden Gedanken interpretieren!

Wenn uns jemand vor 25 Jahren erzählt hätte, dass die beiden Deutschlands jetzt gemeinsam regiert werden, von einer ehemaligen FDJ–Sekretärin für Agitation und Propaganda der Lomonossow-Universität, wir ...

Man glaubt es nicht. Es ist ein Sieg auf der ganzen Linie. Unsere gesamtdeutsche Angela hat ja schon korrigiert, sie war immer nur für das Einsammeln des Essensgeldes zuständig und für die Wandzeitung.

Also streng genommen war sie im Untergrund. Jetzt wird mir auch klar, woher Kohls anonyme Spenden herkommen. Von wegen Schwarzgeld. Das war unser Milchgeld!

Deshalb ist die wiedervereinigte Angelakanzlerin zu Recht eine rechte Kontorevolutionärin. Und sie wird jetzt auch von Obama persönlich abgehört. Sind das Privilegien? Yes! We scan! Und der Sachse antwortet: «Wir oh«.

Gegen den geheimen Geheimdienst innerhalb des Geheimdienstes der USA mutet die Stasi der DDR an wie die Augsburger Puppenkiste. Und es gibt noch einen Unterschied: In der DDR wurden wenige abgehört. Heute werden alle abgehört. Wenigstens! Wissen Sie, wie man das nennt? Gefestigte Demagogie.

Ich habe keinen Computer. Das macht mich erst recht verdächtig.

Wie sagte Eichendorff: »Die Gedanken sind frei.«

Die Görlitzer Jesusbäckerei

»Nichts ist spannender als die Wirklichkeit.« Die folgende Episode wird Sie erneut davon überzeugen.

Zu Beginn dieses Jahres bekam ich vom Mitteldeutschen Rundfunk ein Angebot, das ich nicht abschlagen konnte. Die Verantwortlichen aus der Sparte »Unterhaltung« boten mir an, mit einem ganz kleinen Kollektiv durch die Heimat zu fahren. Mein Buch sollte ja »Heimatstunde« heißen, das war ihnen bekannt, und so könnte ich doch »ab durch die Mitte« den Osten vom Osten bereisen. Dorthin reisen, wohin niemand will, in die sträflichst vernachlässigte Oberlausitz mit ihren Umgebindehäusern, mit den gebackenen Granitpflastersteinen, einem neu angelegten Bibelgarten auf dem Gelände einer ehemaligen LPG, zur Bienenmutti aus Oberlichtenau, zum Dudelsackbauer und Eichendorff und auch nach Bautzen, die letzte Türmerin besuchen. All das wollte ich sehen. Wenn der Weg noch so weit und das anzuschauende Objekt scheinbar banal ist, ich wurde wieder einmal bestätigt: Wenn die Augen leuchten, die Münder sich öffnen und die Herzen leuchten, ist der Mensch die Kirche. Uns begegneten aufgeschlossene Pulsnitzer Pfefferküchler-Leute, Bauerntheaterschauspieler. Die Leidenschaft der Ureinwohner ist unvorstellbar. Ich erlebte sie unverstellt, bodenständig und zutiefst religiös. Gelebte Heimat verbindet sie. Die Käserin aus Wehrsdorf antwortete mir auf meine Frage, ob sie denn glücklich sei: »Nu freilich, ich habe doch meinen Käse.«

Die von mir bereits erwähnte Bienenmutter gab Folgendes zu Protokoll: »Herr Steimle, Bienen gibt es seit 60 Millionen Jahren auf der Welt, uns Menschen seit einer Million. Das, was wir der Umwelt antun, und damit den Bienen«, sie rang nach Luft und kämpfte mit den Tränen, »ich hoffe, die Bienen überleben uns.« Jetzt kämpfte ich mit den Tränen. Wäre die Oberlichtenauer Bienenmutti Landwirtschaftsministerin, mir wäre nicht bang um Honig und Menschheit. Ich bekam von ihr auch noch einen Rat: »Herr Steimle, hören Sie auf, an der Jugend zu zweifeln! Die Jugend ist weiter, als Sie ahnen, die merkt nämlich, dass sie verarscht wird. Und deshalb sind sie bei uns hier fleißig wie die Bienen.«

Herrlich war die Reise. Ich entdeckte sogar eine echte, noch funktionierende Schmiede, mit einem Lufthammer, und erfuhr, wie der Notnagel zu seinem Namen kam. In Notzeiten wurde mit Nägeln bezahlt. Warum wissen die in Brüssel an der Europäischen Notenbank noch nichts davon? Trifft den Nagel auf den Kopf: »Europäische Notnagelbank«.

Nun aber zum Hauptgedanken …

DIE JESUSBÄCKEREI IN GÖRLITZ

Als ich den etwas großspurig klingenden Namen über der Bäckerei las, dachte ich: Hier also. Ja, aber was hier also?

Was zeichnet eine Bäckerei aus, die diesen Namen auf dem Schilde führt?

Ich bat unsere Mannschaft, bestehend aus Kameramann, Tonmann, verantwortlichem Redakteur und dem Fahrer, mir behilflich zu sein. Wir rückten also kurz nach Ostern der Bäckerei des Herrn auf den Leib. Der Verkaufsraum war leer, ich entdeckte am Ende der langen, üppig befüllten Auslagen eine Frau. Sie empfing uns sofort mit: »Sie wünschen bitte?«

»Ich wünsche eine Auskunft. Weshalb heißt Ihr Laden hier Jesusbäckerei?«

»Steht alles auf dem Zettel«, damit wuchtete sie, ohne uns eines Blickes zu würdigen, ein A-4-Blatt auf die Glasplatte der Auslage und verschwand unter dem Ladentisch.

»Lesen kann ich auch«, antwortete ich, »aber unsere Fernsehzuschauer sind neugierig und erwarten Aufklärung gern auch von kompetenter Seite.« Unsicher fragte sie: »Und was ist, wenn Kundschaft den Laden betritt?« Wir sicherten ihr zu, dass wir uns in diesem Falle verkrümeln würden.

Sie erklärte uns, das Grab in Görlitz sei der einzige Nachbau des heiligen Grabes in Jerusalem, und der Kreuzzug führe auch direkt an der Bäckerei vorbei. Deshalb heißt die Bäckerei »Jesusbäckerei«.

Ich zweifelte sofort, denn wenn das Grab schon ein Schwindel ist, wie erst verhält es sich dann mit der Echtheit des Weges!

Da wurde sie streng: «Also, so kann man das aber nicht sehen, Herr …!«

Ich entschuldigte mich gleich schon im Vorhinein für meine nächste Frage, das tun wir Sachsen gern: »Entschuldigen Sie bitte, welches Gebäck zeichnet Ihre Bäckerei denn aus?«

Ihre Antwort lautete: »Krüstchen«. Dabei schaute sie mich an, als sei ich direkt von hinterm Herrnhuter Stern. Bei mir lief schon bei dem Wort Krüstchen kein Wasser im Mund zusammen.

Und jetzt wissen Sie auch gleich, was Görlitzer Jesusbäckereikrüstchen sind: Es sind ganz spezielle Semmeln, mit extra großen Salzkristallen obenauf, die Jesu Tränen symbolisieren sollen, welche sich Gottvater ausweinte ob der Leiden seines Sohnes am Kreuz.

Was für eine verbackene Blasphemie! Ich verlangte zwei Jesus-Semmeln. Die waren ausverkauft. Gott sei Dank.

Im Angebot der Bäckerei standen auch noch Bomben. Was hatte es damit auf sich?

»Bomben gibt es erst wieder Weihnachten«, antwortete mir die Verkäuferin.

Meine liebe schöne deutsche Sprache: Hat die Verkäuferin jetzt wirklich zu mir gesagt: »Bomben in der Jesusbäckerei gibt es erst wieder Weihnachten!«???

Gemeint waren Lebkuchenbomben, sterben wird also niemand davon. Außerdem ist Weihnachten noch weit weg, Ostern gerade vorbei, und ich wollte einfach irgendetwas kaufen! Also fragte ich noch einmal mit all meinem Mut nach einem besonderen Angebot.

Die Verkäuferin hatte noch was in petto: »Was Besonderes, ja, im Angebot sind zur Zeit gebackene Eichhörnchen.«

Ich gab nicht auf: »Und was ist das Besondere an gebackenen Eichhörnchen?«

Sie hatte noch einen: »Die Schwänze sind in Schokolade getaucht.«

Bleibt mir noch zu wünschen: Guten Appetit und Halleluja.

Die altersmilde Ackermilbe

Woran merken Sie, dass Sie nun doch schon die »Fünfzig« überschritten haben? Falls Sie mehrfach am Tag mit »Junger Mann« angesprochen werden sollten, ist es soweit. Ja, ja, der 50. Geburtstag tut mir weh, ein Stichtag ist es für mich, wörtlich. Bis 49 ist irgendwie doch alles kein Problem. Das Glas ist entweder halbvoll oder halbleer, jetzt aber ist mein Glas nur noch halb ...
Es ist aber auch Pflicht, an so einem Stichtag die Vorteile zu erwähnen. Der Übergang von zahlungsschwach zu zahlungskräftig liegt nah, denn die Kinder sind außer Haus und bald selbstständig. Zeit, um eigenes Geld zu verdienen, bleibt also genug. Es ist doch auch tröstlich, nicht auf das nun schnell nahende Alter in Armut warten zu müssen.

Diverse Ratgeber versprechen mir für das Alter auch Ruhe und Gelassenheit. Davon spüre ich gar nichts. Ich werde schon rasend, wenn ich an das freundliche »Wollen Sie sich setzen?« denke, das mich bald in den öffentlichen Verkehrsmitteln erwartet.

Wie schön ist es, entdecke ich dann wieder Dinge, die trotz fortschreitender Zeit unverrückbar erscheinen. Fahre ich auf die Rügendammbrücke Richtung Insel Rügen, erscheint mir in riesigen Buchstaben eine Zukunftsverheißung: »Volkswerft« steht da geschrieben. Ist das nun Volksverarsche, weil euch die Werft früher einmal gehört hat? Ist es Hohn oder Vergesslichkeit? Lese ich zu genau und registriere den nicht vorhandenen Zynismus und die ganz sicher vorhandene Volksverbildung?

Egal. »Die werden sich schon was dabei gedacht haben«, sagt das Volk oder denkt ein alter Sachse. In diesem Falle bin ich das und fahre weiter Richtung Hiddensee. Denn Rügen habe ich bereist. Von Ahlbeck bis Zingst sah ich alles. Ich habe Sehnsucht auf das Echte, fahre zur mit dem arg strapazierten Wort authentisch beschriebenen Insel Hiddensee.

Kurz vor Schaprode, einem mondänen Parkplatz mit angeschlossenem Fischerdörfchen, erwartet mich, den Reisenden, wieder eine Reklametafel: »Fisch fetzt.«

Die Jugendsprache meiner Zeit ist nach fünfunddreißig Jahren schon wieder »Slang«. Ich fühle mich jung! Frage mich natürlich aber dann doch, weshalb Fisch denn nun fetzt. Klar. Wegen des riesigen Verkaufswagens am Hafen. Der Wagen lockt dann auch mit der Werbung: »Rügener Fischbratwurst.« Damit zu werben hätte sich in der DDR niemand getraut. Farbe und Konsistenz einer Fischbratwurst gleichen in meiner Vorstellung einer anderen Errungenschaft unseres modernen Lebens, der des Tofu. Die gibt es wahrscheinlich auch bald als App. Stellen Sie sich das noch vor!

Ich als Sachse im Allgemeinen und als hungriger im Besonderen bin tolerant, werde nach fünf Stunden Fahrt aus meinem Auto aussteigen und fühle mich bereit für eine Rügener Fischbratwurst. Ich lese genauer: »Rügener Fischbratwurst, die Königin unter den Bratwürsten.« Nein, ich diskutiere nicht mit dem Verkäufer über die Königin der Bratwürste und BratwürstInnen. Ich steige ins Auto und esse meine letzte Leberwurstbemme. Ich bin auch hungrig noch gelassen, so wie mir für das Alter versprochen.

Ich bin eine fünfzigjährige altersmilde Ackermilbe.

»Fisch fetzt« hat mir Appetit gemacht. »Volkswerft« ist weder authentisch geschweige denn echt. Nach diesen Erkenntnissen und meiner Ankunft auf der Insel Hiddensee werde ich nun zum Inselbäcker laufen und mir einen Kaffee »to go« holen.

Trinken Sie Ihren Kaffee noch im Sitzen und vielleicht noch aus einer Porzellantasse? Unsere Zeit ist ruhelos. Essen im Gehen, saufen beim Laufen.

Ich nehme meinen Kaffee Togo und suche mir einen tröstenden Gedanken. Ein Zeichen der Hoffnung.

Wissen Sie, was es bedeutet, wenn Anfang Juli noch der Kuckuck ruft? Er kam zu spät aus seinem afrikanischen Winterquartier zur Insel Hiddensee. Wer aber zu spät kommt, und das gilt eben auch und vor allem bei(m) Vögeln, den … Ganz einfach.

Der Kuckuck findet um diese Zeit niemanden mehr, dem er seine Eier unterschieben könnte. Der Teichrohrsänger zum Beispiel ist längst durch, auch mit der zweiten Brut. Die viel gescholtene Klimaerwärmung nutzt Mutter Natur und zwingt den Kuckuck quasi zum Umdenken. Unser Kuckuck hat jetzt zwei Möglichkeiten. Entweder er stirbt aus, freiwillig wohlgemerkt, oder aber er nutzt die Revolution, Entschuldigung: die Evolution. Meister Kuckuck probiert das Brüten wieder mal selbst. Getreu dem Motto: Früher ging es ja auch. Die parasitäre Zeit des Kuckuck ist damit ausgeläutet.

Für die Kuckucke unter uns Menschen lautet die Botschaft: Das Vertrauen und die Glaubwürdigkeit in die Märkte kann nur zurückgewonnen werden, wenn nicht mehr das Geld arbeitet, sondern der Mensch. Zum Kuckuck mit den Märkten.

Nun glaube ich ganz sicher nicht, dass bei Verlassen der Insel Hiddensee auf meiner Heimfahrt die Volkswerft Stralsund wieder uns gehört. Der Name der Werft wurde nicht geändert, weil Markenschutzänderungen teuer sind. Ganz einfach.

Mit fünfzig lebe ich leichter, auch wenn ich langsam schwerer werde.

Solange ich noch gefragt werde: »Junger Mann, soll ich aufstehen?«, ist alles in Ordnung.

Erst wenn jemand freundlich zu mir sagt: «Bleiben Sie sitzen!«, dann ist es soweit.

Dann werde ich sitzenbleiben.

Meine Heimat BRD

Gleich sind wieder Wahlen. Ich behaupte: Wahlen bedeuten Heimat.

Gyula Horn, der ungarische Außenminister, schnitt 1989 »das« Loch in den ungarischen Grenzzaun und schritt somit als Erster mutig voran auf dem Wege zu Selbstbestimmung und Freiheit auch für uns DDR-Bürger, damit wir endlich in Demokratie und Wohlstand leben dürfen.

Keine Angst, ich habe keine Kreide gefressen. Gleich kommt der Pferdehaken, nein Pferdefuß, Nachtigall ich hör dir rülpsen. Herr Horn, unser mutiger Zaunkönig, bekam dafür 20 Millionen Dollar vom IWF. Da hat er guten Schnitt gemacht.

Meinem Lieblingstomatenpaprika- und Goulaschland Ungarn gönne ich davon heute noch jeden Cent.

Ich ärgere mich aber darüber, wie billig WIR zu haben waren.

Hätten Sie es jemals für möglich gehalten, dass in der BRD von Staats wegen gedopt wurde?

Minderjährige und Spitzenathleten wurden für den Wettlauf der beiden Systeme mit unerlaubten und leistungssteigernden Mitteln vollgedröhnt. Viele wussten es. Nur unser Staatsfernsehen, das private und das öffentlich berechtigte, erfuhren die Fakten aus den Stasiakten. Die belastenden Sportakten des eigenen Hauses BRD wurden vorsorglich geschreddert. Westdeutschland – Dunkeldeutschland? Am Ende kommt noch heraus, dass die Menschen aus der ehemaligen BRD gar keine besseren Menschen waren bis 1989?

Seit diesem Zeitpunkt wurde übrigens auch kein BND-

Agent mehr enttarnt, auch kein ehrenamtlicher oder ehemaliger. So etwas heißt jetzt womöglich NSU – und es würde mich nicht wundern, wenn der Staat selbst auf der Anklagebank sitzt, sich selbst vorführt, indem er Gericht über sich hält. Die Tatwaffe kann auch nicht zweifelsfrei zugewiesen werden. Eine Waffe, die Ermittlungsbehörden erst zwei Wochen nach Brand des Hauses in Zwickau gefunden haben wollen. Die Polizei übersah zwei Wochen lang eine Waffe in einem völlig abgebrannten Haus. Und keiner fragt nach. So ungefähr muss das Wort Schmauchspur entstanden sein.

Kurz vor dem Zugriff, nach der Enttarnung des Naziwohnwagens, soll nicht nur der Sicherheitsapparat der BRD anwesend gewesen sein und soll artig gewartet haben, bis sich (wieder grüßen die Schmauchspuren) Uwe 1 und Uwe 2 in Luft auflösten … Nein, zum wartenden Geheimdienstpersonal soll sich auch noch ein Sicherheitsexperte der CIA gesellt haben. Ein Agent. Stand der unsichtbare Mann, der unsichtbare Brite … äh, Dritte, stand er Schmiere, Pate oder kam er zufällig vorbei?

Würde ich an Verschwörungstheorien glauben, käme ich leicht darauf, dass sich NSA und NSU ähnlich sähen ... in ihrer Schreibweise. Wir alle aber wissen, es gibt keine Verschwörungstheorien. Wem nützt es?

Die langen Fransen an den Schuhen der Indianer verwischen die Spuren in dem Moment, in dem sie entstehen.

»Operation Mokassin«, so wird ein Schuh draus ...

Da ich keinen Computer habe, dem ich meine Gedanken anvertraue, mache ich die Gedanken öffentlich.

Vieles von dem, was gerade in diesem, in meinem Land passiert, so auch die zufällige Schließung der Botschaften in muslimisch geführten Ländern, wirkt wie: »Haltet den Dieb, er hat mein Messer im Rücken.«

Angst kann keine Heimat sein. Das hatten wir doch schon einmal. In meiner früheren Heimat.

Ich wünsche mir, dass der Demokratiebegriff für alle gilt, nicht nur für Auserwählte, Herrschende und Eliten. Wir sind das Volk. Das gilt auch für meine neue Heimat BRD. Deshalb ist es ganz wichtig, zur Wahl zu gehen. Bilden Sie sich eine Meinung? Das ist zu wenig. Vertreten wir eine Haltung!

Apropos: Wie haben Sie die letzten Stunden vor der Wiedervereinigung erlebt?

Nein, das ist nicht belanglos. Der Umstand ist für mich außerordentlich, nicht ich verließ das Land, sondern das Land verließ mich! Es gab keine Wahl, keine Alternative. Wir Barrikadenstürmer für einen demokratischen Sozialismus waren zu kurz gesprungen!

Der Pulverdampf war verzogen, die Russen, die Freunde, hatten ihre Kolonie, ihre Besatzungszone aufgegeben. Hätten sie das nicht getan und Gorbatschows Panzer wären gerollt ... Gerumst! hätte es im Gebälk.

Keine Kirche der Welt kann so viele Kerzen anzünden ... Soviel zur Rolle der Kirchen der DDR in der Wendezeit. Auch damit hatten wir Glück.

Glücklicherweise waren die Besatzer pleite, und außerdem hat Gorbatschow die Nacht vom 8.11.1989 zum 9.11.1989 verpennt. Er schlief, war nicht erreichbar, für niemanden.

Ein Leutnant der NVA war souverän und öffnete die Mauer. Wenn sich keiner für zuständig hält, Entscheidungen zu fällen, muss das Volk selbst ran. Um uns selber müssen wir uns selber kümmern, das wusste schon Brecht. Die Russen wechselten die Seite. Plötzlich tauchte auch Seide auf. Fahnenseide. Woher kam der viele Stoff, die riesige Menge Fahnenseide, die ich an der Frauenkirchenruine damals erblickte?

Ich bitte Sie. Wir waren eine Mangelgesellschaft! Eine Sachsenfahne ... o.k., zehn ... gut, aber fünfzig? Die Macht der Bilder ist nicht zu unterschätzen!

Es ging dann bekanntlich Schlag auf Schlag. Zum Ruf nach einig Vaterland kam dann noch der nach der D-Mark, und dafür zahlen wir alle noch heute.

Stellen Sie sich Folgendes vor: Die mutigen Rufer »Wir sind das Volk!« hätten gleich zu Beginn der friedlichen Revolution gerufen: »Wir wollen die Einheit Deutschlands!«, und: »Kommt die D-Mark nicht zu uns, gehen wir zur D-Mark hin!« ... Ausgeschlossen! Das können nicht dieselben Leute gewesen sein!

Ich suche seit vielen Jahren nach der Wahrheit.

Ich war das 18millionste Teilchen meiner Heimat. Eine Heimat habe ich verloren, konnte sie mir nicht retten. Die Lebensabschnitte, in denen Kindheit und Jugend liegen, prägen uns für unser ganzes Leben am stärksten.

Als kurz vor 24 Uhr zum letzten Mal die Nationalhymne der DDR gespielt wurde, habe ich zu meiner Frau gesagt: »Sylv, alles, was uns dieses Land mitgegeben hat, alles, was wir bis jetzt gelernt haben, davon müssen wir den Rest unseres Lebens zehren.« Genauso habe ich es gesagt. Und dann haben wir geflennt, uns an den Händen gehalten.

Waren wir die Einzigen?

Draußen gab es am 2.10.1991 ein großes Feuerwerk.

Ich glaube, Heimatverlust hinterlässt in uns Menschen tiefe Spuren.

Lange habe ich mich als Emigrant in meiner neuen Heimat gefühlt. Die Vergangenheit darf nicht alleine Heimat sein.

Nun, nach den leider entwischten Beweisen um den Staatsdopingskandal des Unrechtsstaates BRD, wird uns

sicher auch bald die Akte von Helmut Kohl zugänglich gemacht werden. Deren Veröffentlichung könnte die ehemalige Bundesrepublik in den Grundfesten erschüttern. Nichts kann so schlimm sein, dass wir nicht weiterleben können, deshalb wünsche ich mir ein faires Gütesiegel für Menschen und nicht nur für Bananen und Kaffee.
Damit WIR nicht so billig zu haben sind.

Urlaub an der Ostsee

»Mutti, Vati, ich will auch mal an die Ostsee, alle Kinder fahren nach Rügen, auf den Darß oder nach Usedom. Warum können nicht auch wir Steimles mal das Meer sehen?«
Der Elternchor: »Uns kriegt keiner zu den Fischköppen, denn dort verfrachten die Einheimischen die Sachsen in Hühnerställe. Uwe, wir fragen dich, möchtest du als Mensch und Sachse im Hühnerstall schlafen, nur um dir dann bei 30 Grad einen Sonnenbrand zu holen? Außerdem können die Fischköppe weder kochen noch backen. Das hat Tante Renate erzählt, die bekam mal ein Stück Mohnkuchen vorgesetzt, da waren die Streusel so groß wie Sommersprossen. Nein, dahin wollen wir nicht, so etwas können wir nicht gebrauchen. Zuhause ist es am schönsten.«
Also war ich zu DDR-Zeiten nie an der Ostsee, weder im Hühnerstall noch mit Sonnenbrand. Und Sommersprossenstreusel lernte ich erst im Sommer 2013 kennen. Es stimmte, was Tante Renate vierzig Jahre vorher entdeckt hatte. Vermutlich war sie damals, wie ich jetzt, auf Hiddensee gelandet. Ich kann nur sagen, Hiddensee ist eine Trauminsel, denn man kann in Euro bezahlen und trotzdem ein Stück Vergangenheit genießen. Ich traf auf Geradlinigkeit, Normalität, unverstelltes Auftreten, Hilfsbereitschaft und auf eine Stofflichkeit, die wohltuend ist.
Die Mecklenburger reden nicht arg viel, immer nur das Nötigste. Mir gefällt das. Täglich umgeben von Sonne, Wellen, feinstem Ostseesand mit Bodden und freiem Blick, dazu Seeluft mit Tang gewürzt, Zander und Dorsch spürbar nah, wenn es immer so ist, alles so einzigartig schön, zu jeder

Jahreszeit anders schön, was soll einer da noch groß reden. Schauen wir einfach, es ist alles gesagt.

Jeder kann hier glücklich sein: Schweizer, Russen, Inder, Japaner und sogar Sachsen. Letztere müssen auch nicht mehr in Hühnerställen übernachten, Hühnergötter dagegen gibt's in Hülle und Fülle, ebenso Bernstein und FKK- und Textilstrände.

Die verantwortlichen Insulaner initiierten den Bau von Sozialwohnungen, Hiddensee soll nicht zum Spekulationsmaterial für Immobilienhaie verkommen, siehe Sylt, Langeoog, Venedig. Damit Feuerwehrleute, Bäcker, Fleischer, Lehrer, Sanitätskräfte nicht saisonal vom Festland eingeflogen werden müssen, werden in Vitte sechsundzwanzig Sozialwohnungen gebaut. Den Menschen, die auf der Insel arbeiten, denen soll die Insel gehören. Hiddensees eigene Partei »Achtsame Demokraten – Die Hiddenseepartei« setzt auf Basisdemokratie.

Hiddensees Störtebecker heißt Thomas Gens und ist nicht nur Bürgermeister, sondern auch Parteivorsitzender. Kurze Wege verhindern Verwaltung und fördern Leistung.

Eine Eingemeindung zu Stralsund konnte gerade wieder erfolgreich abgewehrt werden. Auch wegen sogenannter freundlicher Übernahme aller Schulden ...

Im letzten Jahr brach ein großes Stück der Steilküste ab, der stehengebliebene Rest hat große Risse. Durch den entstandenen Lebensraum kehrte sich die Katastrophe für den Menschen zum Glücksfall für den Vogel. Vermehrte Uferschwalbenbrut ist die Folge. Für Inselmenschen und Uferschwalben ist das keine neue Situation. Besagtes Fluggetier wird deshalb auch Katastrophenvogel genannt.

Außerdem trat eine Gesteinsart deutlich zum Vorschein. Das Phänomen heißt: Vorgeschobener Mergelabbau. Ich liebe meine deutsche Sprache. Sie ist mir Heimat.

Träumerei

Gestern war der erste Tag des Vorfrühlings. Gleich streckte der Bärlauch seine grünen Spitzchen durch die Erde. Auch den Kater zieht es nach draußen. Und mit großen Augen prüft Timmi, ob es schon nach Frühling riecht. Es riecht noch nicht, aber sehen kann ich ihn schon an der Forsythie und: Ein Glöckchen hörte ich deutlich bimmeln. Wie alle Menschen wünsche ich mir schnittlauchhungrig das erste Grün endlich auf die Eierschnitte. Die Vögel probieren am Morgen ihre ersten Liedstrophen, zu Ostern soll das Konzert dann mehrstimmig erklingen.

Wasseramsel und Eisvogel bleiben völlig unberührt von der Ankündigung unseres Verteidigungsministeriums, der Iran sei das große Sorgenkind der Völkergemeinschaft. Die Zukunft Israels steht auf dem Spiel. Das wiegt mehr, sagt unser Verteidigungsminister, der Dax(chs) zieht sich deshalb gleich noch einmal zurück in den Winterbau. So kommt Saudi–Arabien zu seinen Panzern, und die pferdefleischversaute Lasagne bekommt...Schimmel. Gestern waren es die Bockshornkeimlinge, verseucht, aus Ägypten, und heute haben wir Krebs erregenden Serbenschimmel. Nachtigall, ich hör dir trappsen!

Erschöpft vom Zeitunglesen, erschöpft von so viel Frühling schlief ich ein. Ich hatte einen Traum. Ich träumte, ein Meteorit rast auf unsere Erde zu und trifft in zwei Jahren unseren Planeten.

Die führenden Wissenschaftler der NASA wissen nicht, ob durch den Aufprall des megatonnenschweren Gesteinsbrockens das Gravitationsfeld der Erde auseinanderfällt oder ob die Erschütterung die Atombomben auslösen wird. Der Papst hat sich aus dem Staub gemacht, noch einen Missbrauchsskandal überlebt er nicht. Alle sind betrübt und ohne Hoffnung. Innerhalb der nächsten zwei Jahre kann niemand so viele bis dahin gefertigte Atombomben vernichten, der Iran baut immer noch welche.

Ein kleiner, blonder Junge meldet sich, einer, der noch nicht einmal missbraucht wurde. »Und wenn wir alle zusammenrücken«, schlägt er vor. Erst lächeln die Verantwortlichen ob des naiven Vorschlags, aber der Oberbefehlshaber der amerikanischen Streitkräfte entwirft eine Strategie, die die Erde retten könnte. Alle Menschen müssen sich zu einem festgelegten Zeitpunkt auf der Südhalbkugel des Planeten einfinden. Die Überbevölkerung der Erde erweist sich als Glücksfall, denn wenn alle zusammen stehen, gelingt es, die Erdachse zu verschieben. Religionen sind unwichtig, wenn es so gelingt, den Meteoriten in letzter Sekunde vorbeirauschen zu lassen.

Während einer Lesung in Rüdersdorf testete ich diese, meine Menschheitsrettungsvision am Publikum und war ebenfalls erlöst und glücklich, alle konnten meiner Traumdeutung folgen.

Da meldete sich eine Frau aus der ersten Reihe und sagte unter dem Gelächter des ganzen Saales: »Es wird auch da wieder welche geben, die Karten verkaufen, nur damit sie nicht mitmachen müssen.« Und ein weiterer Zuschauer bestätigte: »Genau, die machen sich aus dem Staub!«

Sobald mein träumender Verstand aus dem Mittagsschlaf zurückgeholt ist, verspüre ich Hunger, hole ich mir gleich ein Stück selbstgebackenen Sahnekuchen. Das Rezept finden sie im Buch: «Meine Oma, Marx und Jesus Christus.«

Curt Querner: Heimatbilder

Curt Querner-Biografie

1904	Curt Querner wird am 7. April in Börnchen bei Freital, Sachsen geboren.
1918	Abschluss der Volksschule in Börchen.
1918-21	Schlosserlehre und Gewerbeschule in Freital.
1921-26	Arbeitet als Fabrikschlosser.
1926	Beginnt mit dem Studium an der Akademie der Bildenden Künste, Dresden, bei Richard Müller.
1928	Erste Fußreise durch Süddeutschland. Besuch der Dürer-Ausstellung, Nürnberg.
1929	Zweite Fußreise nach Prag, Wien, Salzburg und München.
1929	Anerkennungsurkunde der Kunstakademie Dresden.
1929-30	Für einige Wochen im Malsaal von Otto Dix und Gerog Lührig. Scheidet aus der Akademie aus.
1930	Beitritt zur Assoziation revolutionärer bildender Künster (Asso), Mitglied der KPD.
1931	Erste Ausstellung in der Galerie Junge Kunst (Joseph Sandel) in Dresden.
1933	Heiratet Regina Dodel.
	Dritte Fußreise durch Süddeutschland.
	Im September in der Ausstellung »Entartete Kunst« im Dresdner Rathaus vor dem Kriegstriptychon von Otto Dix verhaftet. Drei Tage im Polizeipräsidium festgehalten.

1936	Vierte Fußreise durch Franken, Württemberg und Baden.
1939	Reise über Salzburg nach Kärnten.
1940	Einberufung zum Kriegsdienst nach Dessau, dann Dresden-Nickern und Frankfurt/Oder.
1943	Ab November bis Kriegsende Gefreiter in Norwegen.
1945	Am 13. Februar wird Wohnung und Atelier in Dresden durch Bombenangriff vernichtet. Nur etwa ein Drittel der Arbeiten kann von seiner Frau gerettet werden.
1945-47	Französische Gefangenschaft.
1947	Heimkehr aus der Gefangenschaft in das elterliche Börnchen.
1959	Verleihung des Kunstpreises der Stadt Freital.
1968	Erscheint die erste größere Querner-Monographie von Hellmut Heinz.
1971	Verleihung des »Käthe-Kollwitz-Preises« der Akademie der Künste der DDR, Berlin.
1972	Verleihung des Nationalpreises der DDR.
1973	Reise zur Ausstellungseröffnung nach Wien.
1974	Querner-Film des Fernsehens der DDR und Film »Künstler zeichnen«.
1975	Reise zur Ausstellungseröffnung nach Amsterdam.
1976	Am 10. März stirbt Curt Querner im Krankenhaus Kreischa.

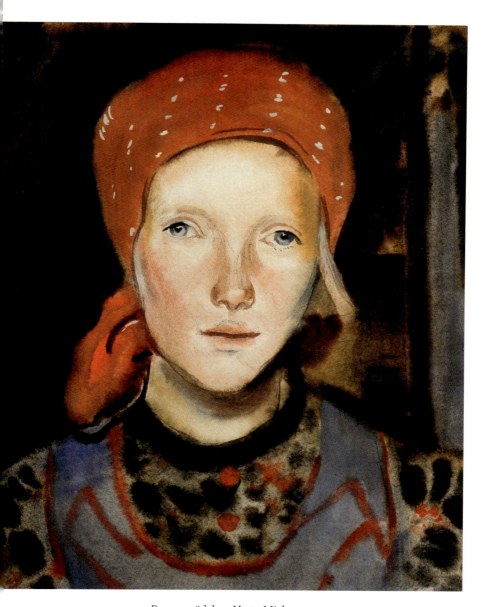

Bauernmädchen Herta Mickan

Gasse

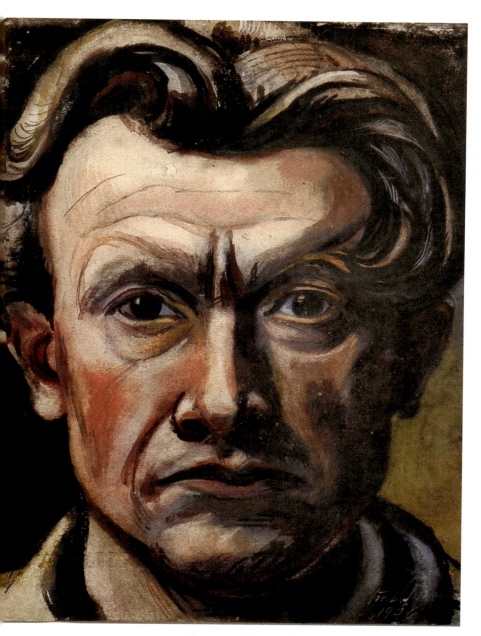

Selbstbildnis, 1946

Karsdorf mit Kipse im Herbst

Liegender Akt

Kinderkarneval im Erzgebirge

Graues Gehöft im Winter

Herbstlandschaft, 1959

Kinderporträt

Das Kinderporträt gilt nicht umsonst als Königsdisziplin im Schaffen eines Malers. Hier erweist sich der Maler, ob er Meister oder Dilettant ist, peinlich oder brillant. Eine sehr, sehr schöne eindringliche Arbeit sehe ich im jungen Bäuerinnenbild aus dem Jahr 1943. Blond, blauäugig deutsch, so lächelt uns ein schmalgesichtiges 12-jähriges Dorfkind an. Die Augen lassen noch wässrig die Welt erahnen. Aber schon strahlen diese Dorfaugen Tiefe, Klarheit, Anständigkeit aus. Ein gutes, treues deutsches Schaf schaut mich an, als wollte es sagen: »Was willst Du?« Und wieder schafft es Querner, das Zweideutige, Ambivalente und eben das nicht Eindeutige zu erfassen. Ich sehe ein großartig gemaltes Bild. Große deutsche Kunst. Deutsch, im allerbesten Sinne, denn das Zögerliche ist uns traditionell auch ins Gesicht geschrieben. Wir sind voller Leidenschaft, wenn es die Sache erfordert, zupackend ausführend, um den Willen der Natur auszuführen, wenn diese es von uns erfordert.

Das klargesichtige Mädchen weiß, dass es bald gebückt durch die Furche kriechen muss, Rüben ausziehend. Sie ahnt aber nicht, dass bald der Zeitpunkt naht, an dem der Maler zu ihr sagen wird: «Leg ab deine Schürze und das rote Kopftuch.« Steh bitte Modell für diesen Seher Curt Querner. Er hat sie schon entdeckt, die blonde Strähne, welche wie Schmuck wedelt, und prüft schon begehrlich: »Was Betrachter, Maler, willst Du?« Vor allem erkennen. Natürlich, in diesem Bild wird Curt Querner wieder einmal alles an künstlerischer Meisterschaft in die Waagschale werfen. Der Meister hat ein absolut sicheres Farbempfinden. Blau für Tiefe, Rot für Kraft und Leben, Schichten von Weißgelb für Gesicht und Lippen. Voll sinnlich und schimmernd im Aquarell. Die schlanke Nase, die am Sattel noch zwei wunderschöne Augenbrauen gebiert, darf als herrlich bezeichnet werden. Ich jedenfalls sehe es so. Ein Menschenkind, welches mit so viel Zurückhaltung gemalt wurde, im Wesen aber Entschlossenheit und Kraft besitzt, so ein Menschenkind möchte doch jeder von uns kennen. Diese aufblühende Prinzessin vom Lande, sie ist anbetungswürdig und beschützenswert. Inzwischen weiß ich, dass dieser junge Mensch, der hier 1943 für uns gemalt erscheint, die junge Herta ist, und sehe deshalb diesen Juwel Quernerschen Schaffens noch einmal mit ganz anderen Augen. Die hier abgebildete, weich erfasste Herta wurde später Mutter Natur. Hier schließt sich der Kreis. Querner hatte das alles in ihr schon 1943 gesehen.

Deshalb Prädikat besonders liebevoll. Oder wie es der Meister Querner selbst gern formulierte: »Die Dinge so sehen, wie sie sind.« Mein Gott, Curt, was für ein Auge …

Ein von ihm nachweislich überlieferter Satz, gerettet für Sie, liebe Leser: »Kuchen, Kuchen, ich brauch och ma was Rischtches – Schwarzbrot«! Das war sein Vergleich zu Niemeyer Holstein.

Herta ist Schwarzbrot.

Die Gasse

Alle wollen eine Gasse – alle wollen jetzt ein Brot

Was dem Rosenhauer das Brot, ist bei Querner die Gasse. Eingeweckte Essenz, der Weisheit letzter Schluss. Wenn an einem Tag nicht viel passierte, der Tag einfach allzu grau war (so wie heute der 30. Mai), gab es in nächster Nähe »nur« die Gasse. Der Tag konnte noch so trüb sein, Querner rang ihm Farbe ab. Der konnte malen!
Wenn der Frühling Anfang März noch sehr gichtig, neblig gedämpft und nasskalt war, zwang der Meister das Wasser aufs Papier. Das nennt man Aquarell.
Ringen musste Querner nur um die Auswahl der Farben. Nach Durchsicht seiner Tagebücher behaupte ich: Je grauenvoller so ein Vorfrühlingstag in der Gasse war, umso mehr Farbe wurde ihr zugedacht. Besessenes Ausmalen der Fantasie. Marineblaue Schneehaufen gegenüber dem schwarzbraunen Lattenzaun. Durch den kommt der Schnee nicht durch. Eine künstliche, von Menschenhand geschaffene Barriere zwingt Mutter Natur zum Halten. Am Zaun ist Schluss mit Schneehaufens Rumpeln.
Wie oft ist Querner diese Gasse entlang gelaufen, keuchend im Alter bergauf, froh und leichten Schrittes in der Jugend bergab?
Gestreut ist meine Gasse.
Nebelschwaden grüßen hinter Kirschzweigen den Betrachter, und das gelbe Haus, welches inzwischen Modernem wich, hat einen grünen Giebel. Die Fensterläden hängen so schief, als wollten sie mir lachend zurufen: »nun gerade«.

Unweit der Gasse warten schon Querners Freunde: sein Schlehdornstrauch, sein Diebels Gut. Gar nicht schlecht, gleich wird er das wieder zu Papier bringen. Sobald die gute Sonne den Misthaufen ein bisschen dampfen lässt. Das ist dann gewissermaßen der kleine Nebel im großen.

Kein anderer konnte satte orange–kupferne Horizonte und üppigstes Buttergelb nebeneinander dulden, ohne dass auch nur eine Minute an Kitsch zu denken ist.

Curt Querner hat die Farben nicht zurechtgemischt, er hat sie genauso in der Palette gehabt, wie sie da draußen vor der Tür in Dippoldiswalde aussahen. Nun müssen Sie nur noch hinfahren, überprüfen und staunen, was da einer abgemalt hat.

Er war immer draußen, bei jedem Wetter mit allen Sinnen, wie von allen Sinnen.

Wahrscheinlich konnte Querner deshalb so gut sehen, weil seine Eltern schlecht hörten.

Knurzelig war Querner selbst, wie sein geliebter Kirschbaum vorm Haus. Tief und trunken, diese beiden schönen deutschen Worte verwendete er, wenn er ausnahmsweise mit Worten und nicht mit Farbe seine heimatliche Landschaft beschrieb.

Was brauch ich Nolde in der Ferne, wenn ich Querner um die Ecke weiß? Querners Bilder der Gasse sind heute begehrte Sammelobjekte. Jeder Sammler, der Querner besitzt, hat auch eine Quernersche Gasse. Warum? Weil, wenn draußen wieder hässliches Wetter ist, Schneehaufen sich am Straßenrand türmen, die Straßen und Gassen nicht gestreut sind und man deshalb keinen Schritt vor die Tür setzen möchte, ist die Gasse trotzdem da. Querner hat sie hereingeholt.

Querner, ein Mensch mit übervollem, glühendem Herzen

ist viel zu früh von uns gegangen. Vielleicht ist es die Empfindsamkeit, die überaus reiche Menschen straucheln lässt vor der Bürde des Lebens. Querner hat sich seine Heimat zu Herzen genommen. Wir dürfen das heute sehen. Am 7.4.2014 feiern wir seinen 110. Geburtstag. Nichts ist vergessen. Die Gasse, Diebels Gut, die Kipse, und seine Akte. Aber die sind ein Akt für sich.

Danke – Curt Querner.

Im französischen Gefangenenlager 1946

Ein Mann, Mitte vierzig, im Krieg.

Die Eltern beide taubstumm, Vater ist Schuster. Wenn der eigene Vater Schuster ist, sollte man auf gutes Schuhwerk vertrauen können. Beides brauchte der junge Curt, um von Dresden nach Nürnberg zu laufen. Wenn ich es Ihnen doch sage!

Mitte der 20er-Jahre des vorigen Jahrhunderts lief ein besessener Jungmaler – Altmeister wollte er ja erst werden, von Dresden aus, auf Schusters Rappen.

Querfeldein lief Curt Querner, beseelt von dem Wunsch, Dürer schauen zu dürfen.

Es hat sich gelohnt, wie wir beim Betrachten des Porträts sehen.

Da ist nicht nur ein sicheres Farbempfinden, das Beherrschen von Licht und Schatten.

Ich behaupte, selbst wenn jemand keine Ahnung vom Malen, schlimmer noch, überhaupt keine Ahnung von Malerei hat, sieht er: Dieses Selbstporträt, das muss was sein.

Es trifft mich, weil es mich ansieht.

Unvermittelt, direkt. Die Augen treffen mitten ins Herz. Und was mir der Blick verrät?

Querner malt, gezeichnet vom Krieg.

Aus Wasser, Farben, Pinselstrichen werden Empfindung und tiefe Seelenschau.

Diesem Menschen ist der Krieg mitten ins Gesicht geschrieben.

Aber wie kann Curt Querner aus Materie – und nichts anderes sind doch Wasser, Pinsel und Papier – auf 28 mal 38 cm Kunst zaubern?

Weil er von Dresden nach Nürnberg gelaufen ist, um die Bilder seines großen Vorbilds Albrecht Dürer einmal sehen zu dürfen. Um zu schauen, aufzuschauen, voller Demut zum Meister. Ich behaupte kühn: Curt Querner hat sich sein Malen erlaufen. Erlaufen müssen, zum Zug fahren hatte er kein Geld. Oft stand er in den bitterkalten Wintern des Erzgebirges vor den Türen der Bauern, um selbst gedrehte Stricke zum Verkauf anzubieten. Ja, er hat sich seinen eigenen Strick gedreht. Schlaufe für Schlaufe. Ohne dies Handwerk und ohne das andere Handwerk, Schlosser war er ja auch noch, gäbe es nicht dieses herrliche Blatt, das den Blättern Dürers in nichts nachsteht.

In diesen Augen, diesem Blick liegen Trauer, Zweifel, Resignation, Ohnmacht, aber auch Lebendigkeit und Tod. Wird er die Kriegserlebnisse verarbeiten oder zerbricht er? Woher soll der Mut kommen fürs Weiterleben?

Nun, da ist noch Blut in der Wange, doch diese glühende Gesichtshälfte kommt nicht aus Anstrengung physischer Natur. Diese Kraft hat er gar nicht mehr. Die Kälte treibt das letzte Kopfblut an die Hautoberfläche und gibt äußerlichen Scheinglanz. Leben. Auch die Ohren höchst widersprüchlich. Vor der Vergangenheit, dem Dunkel, leuchtet das helle Ohr, und abgestorben fast, schwarzbraun, zeigt sich das andere vor hellem Grund. Ich sehe dialektische Ohren zwischen Zukunft und Vergangenheit. Schafft es diese, durch den Krieg geschundene Kreatur, sich zu lösen? Gibt es ein Morgen nach dem Gestern?

Curt Querner, unerbittlich und schonungslos ehrlich zu sich selbst, überlässt mich meinen Gefühlen.

Gerade weil alles unsicher scheint und überhaupt nicht zukunftsorientiert, wird mir dieses Bild so lieb. An jedem Morgen taucht die Frage auf: Was machst du heute aus deinem Leben?

Der Schrecken des Krieges hat den Zweifel ins Gesicht gesät. Und es bleibt eine Frage der Kraft, wie lang das Erinnern an das Laufen von Dresden nach Nürnberg, um Dürer zu schauen, noch anhält. Die Erinnerung an den unvermeidlichen Tod aufhält. Bis dahin darf aber noch gekämpft werden.

Ich bin froh, nicht das letzte Geheimnis ergründen zu wollen, warum Curt Querners Selbstbildnis aus dem Gefangenenlager große deutsche Kunst ist.

Krieg, das ist ein ferner stummer Schrei aus tiefstem Herzensgrund.

Krieg ist niemals Heimat.

Bunte Sommerkipse

Beim Betrachten der »Bunten Sommerkipse« sagte einer meiner »Quernerfreunde«, selbst ein Freund und Kenner Querners: »Beim Malen dieses Bildes ging es dem Curt richtig gut.« Ich sehe auf dem Bild den Reichtum des Lebens, dessen Farbigkeit. Ich sehe einen bunten Dorfblumenstrauß in vollem Farbenrausch.

Noch schöner aber ist ja dieses Dörfchen. Dieses hingeduckte Fleckchen Erde gibt es wirklich, und es sieht da auch genau so aus wie auf dem Bild. Mir ist, als hätten sich die Natur und Querner geeinigt.

»Willst du immer weiterschweifen? Sieh, das Gute liegt so nah. Lerne nur das Glück ergreifen, denn das Glück ist immer da«, sagt unser aller Goethe. Querner, der Farbengoethe, anwortet aus seines Tagebuches Tiefe: «Ein Mensch, der derartig ernst gearbeitet hat und so intensiv die Natur liebt wie ich, wird sich durchsetzen.«

Fontane ist mir sofort im Mund: »Der ist in tiefster Seele treu, der die Heimat liebt wie du.«

Soll nur einer sagen, es gäbe keine fliederfarbenen Berge, es stünden keine kobaltblauen Häuser geduckt vor braunen, lautlos verharrenden Baumriesen, die Wiesen duftigst gelb und bei Querner eben auch, oder grün, mit einem Hauch Karmin. Ein traumhaft gemalter Tag – und wir dürfen das alles sehen.

Nichts ist surreal, alles ist wahrhaft, real, traumwandlerisch und tief gesehen.

Curt Querner hat die Farben auf seiner Palette kühn gemischt, sicher in jedem Ton aufs nasse Papier geworfen.

Die schwebende Kipse im Regenbogenkleid, ich spüre förmlich das Flirren dieses satten Sommertages und möchte verweilen für eine Heimatstunde.

Weibsaltar

Höhlen- oder Urweiber heißen die besten Aktaquarelle des Malers Curt Querner. Und niemand auf der ganzen Welt kann solche Meisterakte schaffen wie er. Allenfalls noch Rubens oder Goya, aber auch die hätten sich vorher ganz schön strecken müssen. Überholen ohne einzuholen fällt mir dazu bestenfalls noch ein. Hingestreckt auf eine wohlig warme Decke liegt das Herta-Massenweib und jeder Quadratzentimeter ist liebend ausgefüllt mit Farbe. Alles passt. Harmonisch aufeinander abgestimmte Ockertöne, erdenwarm das Himmelblau suchend, dieses gefunden dann am Horizont. Herta mit ihren klar braun abgesetzten Armen, erdenbraun wie der Heimatboden, dem sie die Rüben abrang. Milchblau ihr Fassbauch, aus dem letzten Endes auch du krochest, Wandersmann. Milchblau küsst Sandgelb. Ja, ich beschreibe eindringlich, wie für Blinde, denn sehen muss man schon können und wollen, will man begreifen, was Querner Curt da geleistet hat. Mutter Natur liegt von hinten betrachtet mit üppigem Hintern vor dem Betrachter, und obwohl große, starke, üppige Frauen nun nicht unbedingt mein Frauenideal verkörpern, liebe ich die Akte, denn sie sind Landschaften. Mensch und Natur verschmelzen auf Curdels Dachboden zu einer Einheit. Der liegende Rückenakt schenkt uns einen Quittenarsch, der Stehende ein Sitzgesäß, das an Frau Pflaumentoffels Hintern erinnert. Violettblauer Pflaumenpo, wo gibt es das heute noch? In der Natur kommt derartiges Geakte auch nicht vor. Querner fügt aber alles so zusammen, dass ihm Hertas Akte ganz natürlich erscheinen. Dieser Aktmaler ist schon ein Akt für sich.

Nennen Sie mir einen Maler, der so geschickt mit Grau jonglieren kann wie Curt Querner … Nach Goethes Farbenlehre, um jetzt mal etwas tschechisch, Verzeihung technisch zu werden, spinnt dieser Farbartist aus Blau und Rot Grau, nicht Gold. Gold kann jeder, siehe Immendorfs Schröder-Kanzler mit Goldschein. Eine Ikone, grässlich! Hängt aber nun in der Ahnengalerie, also auf Nimmerwiedersehen im SPD–Haus, muss also was wert sein.

Zurück zu Wundermaler Querner. Auf seinem Weibsaltar wissen die Farben an des Meisters Hand genau, wo sie und wann sie zu halten haben, damit ja nichts ineinander läuft. Deshalb Wundermaler. Querner hat die Nass– in Nassmalerei perfektioniert. Da ist nichts zufällig. Denken Sie jetzt bitte an den Zauberlehrling von Goethe. Querner ist der alte Meister, der durch Handwerk und durch immer wieder besessenes Ausprobieren zu diesen genialen Bildern kam. Schatten auf dem Rücken der Erdenmutter lassen eine Gebirgslandschaft ahnen mit zwei schönen Hügeln auf der anderen Seite des Bildrückens, äh Rückenbildes. Querners Musenaltar birgt wohl das größte Geheimnis für uns Nichtmaler.

Wie geht das? Wie konnte dieser Schusterjunge einen Moment so spannend bannen, dass daraus Ewigkeit wird?

Mutter Natur ist Ewigkeit. Herta ist Ewigkeit und ewig lockt das Weib. In der Mitte des Altars findet sich ein stehender Akt. Die Arme über dem Kopf verschränkt, spielen sie noch wie nebenher, doch potent mit dem schweren Pferdeschwanz. Lange musste sie so stehen, manchmal stundenlang, um des Meisters Aktmalerei zu befriedigen. Und als Lohn für die ganze Müh, nicht Plage, strahlt ihre spannungsgeladene Brustwarze, fest und steif wie eine pralle Walderdbeere. Danke, Curt, für alles, was du für uns sahest. Unser täglich Weib gib uns heute.

Allein, dass er es verstand, seine enge Bodenkammer so nutzbar zu machen, verdient allerhöchste Bewunderung. Herta liegt auf der Chaiselongue. Dahinter lässt Querner nicht etwa die nackte Bodenkammerwand blitzen. Nein, die künstlerische Freiheit gebietet ihm aus der Wand einen Horizont zu zaubern. Und dahinter ging es ja bekanntlich weiter ...
Kein Aktmaler konnte 1964 so, wie der Querner aus Börnchen, so mir nichts, dir nichts auf dem Acker Akte zu Gold spinnen.
Wir alle sind aus diesem Schoß gekrochen. Und der Schoß ist fruchtbar noch. Querners Weibsaltar ist kongenial. So: Jetzt dürfen Sie schauen und hoffentlich staunen.

Kinderfasching 1939

Wenn Kinder sich als Erwachsene verkleiden, hat das nicht immer etwas Unwirkliches? Ja. Kinder sind nun mal Kinder und keine kleinen Erwachsenen, und die Kinder auf diesem Querner–Bild sehen nicht nach Fasching und auch nicht lustig aus.

Ich möchte ihnen zurufen: »Feiert! Feiert mitsamt dem goldenen Mond, feiert sein Licht! Feiert die warme Erde und das ganz besondere vorerzgebirgische Abendlicht, aber zieht um Himmels Willen diesen Firlefanz aus.«

Das junge Mädchen, vorn weg, schon ganz Frau spielend, zieht die Vogelscheuche von Jungmann gleichsam über den erdschweren Heimatacker. Das Braun, getragen durch die fette Krume, überwiegt. Im Faschingsjahr 1939 war nicht nur der Heimatboden braun. Auch Bauern- und Dorfkinder lebten zu dieser Zeit in einem tausendjährigen Reich. Ich sehe einen schwermütigen Kinderfasching. Ich sehe eine Maskenfeier, jedes der Wänster ist unkenntlich. Hochpolitisch. Links, unter dem Abendrot hütet eine alte Frau einsam das Fett. Sie hat mit alldem nichts zu tun. Oder achtet sie darauf, dass die grüne Maske, die den Kindererwachsenenzug anführt, nicht herabfällt? Wehe, die Maske fällt! Das ist zu allen Zeiten gefährlich.

Noch im letzten Jahrhundert schlüpften die Kinder in ihren Kostümen für einen Tag in die Zukunft. Ihre Verkleidung stellt oftmals den gewünschten Beruf dar. Die Vorbilder sind die Eltern, die Großeltern. Der Bewunderer Querner sieht, da müssen, da wollen sie hin. Er malt die Dorfrasselbande verkleidet in Bäuerin und Bauer.

Bodenständige Verkleidungen sind heutzutage »Starwars«, »Krieg der Herren«, nein: »Krieg der Ringe«, »Prinzessin sowieso«, Indianer und Cowboy sind sowieso nie totzukriegen. Moderne Kinder verkleiden sich sogar als amerikanischer Präsident »Obama«, ja, das habe ich selbst abgehört.

Der Quernersche Kinderfasching ist jedenfalls irdisch. Auch wenn sich die kommende Generation verstellt, sie bleibt erkennbar deutsche Landjugend auf heimatlichem Grund. Die Kinder sollen die Fähigkeit behalten, für kurze Zeit Raum und Zeit zu vergessen, sich in Hoffnung auf die Zukunft freuen. Sie werden sechs harte Jahre erleben. Wie viele von ihnen werden den Krieg überleben?

Sechs Jahre später wird Faschingsdienstag auf den 13. Februar fallen. Auch da werden sich Dresdner Kinder verkleiden mitten im Krieg und für kurze Zeit Kinderträume leben. Natürlich denke ich als Betrachter des Bildes, als Bürger der Stadt Dresden auch an die abendliche Bombardierung meiner Stadt an diesem Faschingsdienstag.

Für mich wird eine Brücke geschlagen von der Romantik direkt in die Hölle.

Querners »Kinderfasching 1939« hinge bei mir neben Dix' »Kriegsaltar«.

Beide Hauptwerke beider Maler wühlen mich auf.

Einmalig Querners Braun: Die Farbe der Mutter Erde kündet von reicher Ernte, zeigt Schwere, zeigt Heimat. Vorerst aber ist es gespenstisch leise. Das leise Braun …

Hören Sie es riechen?

EINSTIEG

Ach ne, einmal, da ist mir ja ein Ding passiert, man glaubt es ni! Sonst, da tu ich doch meinen Stollen entweder auf den Schlafstubenschrank ... schön eingepackt in Leinentücher, nu, damit der feuchte bleibt bis Ostern (da schmeckt er doch erst richtig) ... oder ich tu ihn runter in den Keller in die Kiste.

Aber in diesem Jahr, da hab ich gedacht: ne, ne, ne! Uwe, machst es mal ganz anders, machst es mal nicht wie alle. Und schieb meinen Stollen unters Neste (Bette). Sie sind wohl nicht von hier? So. Aber nu: Weihnachten will ich den verkosten ... »an Weihnachten«, da denk ich so beim Schmecken: Gottversalad noch einmal, der schmeckt doch bald wie e bissel (ich weiß gar nicht, wie ich es ausdrücken soll), der schmeckte a bissel harntsch, ja, der schmeckte harntsch. Man kann es nicht besser ausdrücken! Da war mir die Mitternachtsvase umgekippt. Aber ansonsten: »Eins A«.

LUSTVOLLES STOLLENABSCHMECKEN

Wir Sachsen sind Heiden. Außer eben beim Stollen. Da werden wir religiös. Das sehen Sie schon daran, dass in Dresden (und dafür verbürge ich mich) der Stollen am Heiligen Abend nach der Bescherung angeschnitten wird.

So SOLLTE es sein. Ich fang aber immer schon gleich am Totensonntag an – und das ergibt dann die so genannten Konditoralschäden.

Schön, wie Sie schmunzeln.

Ja. Nu. So sind wir Dresdner. Höflich, helle und wir ham Geschmack. Das sehnse und das hörnse.

»Von allen Gebäcken deutscher Landen schmeckt mir, ja ich muss es hier zugeben, der Stollen – namentlich der Dresdner – doch am besten.« Sie hören, selbst Johann Wolfgang von Goethe kam auf unseren Geschmack. Natürlich tut es gut, dass selbst der Dichterfürst unser sächsisches Nationalgebäck als Gaumenfreude adelt. Danke Johann. Alles können sie uns Sachsen nehmen. Alles. Das Land. Das Ausland. Aber nicht unseren Stollen. Ne. Da machen wir ni mit.

Wo der Stollen zur Welt kam? Wo? Und vor allem durch wen? Na ja, die eenen sagen so. Fakt ist: Erstmalige Erwähnung erfuhr der Stollen 1329 urkundlich natürlich. Also Naumburger Bäcker sollen demnach dem Bischof Heinrich eine Art Adventsbrot übergeben haben. Na, sehnse, Sie erinnern sich ja doch. Und warum ist das wichtig? Auf der letzten Buchmesse in Leipzig däterte eine Frau aus Naumburg derartig auf mich ein … Ich solle ja unbedingt erwähnen, dass der Stollen von ihr käme. Aus Naumburg.

So, nu ham wir's gesagt. Die Frau bekam Gehör. Ich bekam meine Ruhe. Und den Stollen von 1329, den möchte ich schon damals nie gefressen ham. Auch nicht in Naumburg. Die Cerealien (heute würde man Zutaten sagen) hießen Wasser und Mehl. Bei falschem Stollen hört der Spaß auf. Ja, mehr … war ni drinne. In Naumburg. Und das für einen Bischof. Den Stollen ham nicht einmal arme Leute runtergewürscht, so trocken wie der war, sondern Höhergestellte. Man kann's nicht oft genug sagen: Schluss mit Naumburg.

DIE QUADRATUR DES STOLLENS

Was uns heute die Dresdner Bäckerinnung auf den Tisch bringt (»auf den Tisch bringt ... auf den Gabentisch zaubert« ...) hat nun gar nichts mehr mit dem Naumburger Fraß von damals gemein.
Je besser es den Leuten ging, umso mehr hochwertsche Ingredienzien wurden reingemehrt.
Rosinen, Sultanien, Macisblüte, Mandeln und zwar fein gehackt, allerfeinst eins a gehackt! Nicht wie bei dem Dresdner Westchriststollen, wo halbe Mandeln im Teig rumschwimmen. Weil die zu faul sind, die Mandeln anständig abzubäbeln. Es könnte ja Arbeit machen ... Aber darum geht es jetzt gar nicht. Bitte entschuldigen Sie meine Echoviation.
Weiter mit den Zutaten:
Butterschmalz aus guter Butter, Zitronat, Orangeat und oben drauf, quasi als Krönung, der legendäre Puderzucker. Man kann also mit Fug und Recht sagen: Unser Dresdner Christstollen kündet vom Wohlstand Sachsens. Auch optisch. Das eingeschlagene Linnen für die Frucht Gottes. Der Stollen erinnert an das Christuskind. Zu allen Zeiten war der Stollen ein Seismograph des Geistes und des Leibes. Man kann es noch einfacher ausdrücken: »Liebe geht durch den Magen.« Ich kenne kein Völkchen, das auf so angenehme Art und Weise sein Nationalbewusstsein vertilgt.
Die Mandeln müssen deshalb so fein gehackt sein, damit sie später beim Reifen, gemeint ist hier das Liegen, ihren unverwechselbaren Geschmack entfalten können. Nämlich marzipanähnlich. Ja, der Stollen schmeckt wie ... Marzipan. Und obwohl kein Marzipan drinne ist, schmeckt's wie Marzipan. Das ist die Quadratur des Stollens.
Wenn uns jemand was unterjubeln will, was in unseren

Stollen nicht reingehört, werden wir fuchtig. Er wird belegt mit des Bäckers Fluch, der sich in einem Wort vernichtend manifestiert: Glansch. Glansch bezeichnet die feine sächsische Formulierung für hochdeutschen ... Dreck.

Als kleiner Junge musste ich immer beizeiten ins »Nest« (Bett). Gleich nach dem Sandmann. Spätestens nach dem Minikino ging es ab in den Kahn. Das war (ich will jetzt die Zeiten nicht verklären) bis zur 3. Klasse so. Da war ich neun Jahre alt. Und mit neun Jahren erinnerte ich mich bewusst ans Stollen backen.

Das Zauberwort hieß: »Hausbäckerei«, also beim Bäcker im Hause. Das Rumgekrümele dorheeme hätte meine Mutti nicht verkraftet, da wäre die schon vor Weihnachten durchgedreht.

Unser Bäcker war die »Feinbäckerei Gocht« (gibt's heute noch, auf der Leipziger Straße). Im November des Jahres 1972 ging es mit dem Leiterwagen hinten rein in die Backstube. Zurück mit dem Schlitten. Seinerzeit hat es über Nacht geschneit. Sie sehen: Das Klima war schon damals eine eenzsche Katastrophe.

Die Backstube war immer schon dreiviertel voll, wenn wir kamen. Die ganzen alten Weiber saßen, was sag ich: thronten gluckengleich auf ihren Schemeln, die knisternden Weidenkörbe in ihrem Schoß. Sich, andere und natürlich den Bäckermeister Gocht ständig beäugend, auf dass er ja nur – ihre – Zutaten durcheinander mährte. Durcheinander mähren sollte er sie schon, der Bäcker, die Zutaten. Aber ja nur die eigenen. Wer wollte schon die von den anderen in Zellophan abgepackten DDR-Rosinen. Übers Jahr gesammelt in der HO (Handelsorganisation). Immerhin mussten so ungefähr 1500 Gramm zusammenkommen (Rosinen aus Grusinien. Pfui Teufel!)

GOLDENE STOLLENREGELN

Hier nun für Sie die goldenen Stollenregeln:

Regel Nummer eins: Für eine sächsische Kaffeetafel braucht es Zeit und Ruhe. Damit der Kaffee nicht im Stehen geplumpt werden muss, empfiehlt sich ein Tisch mit Stühlen. Ja, Sie lachen, aber wissen Sie, wie viele Leute heute zu nichts mehr Zeit haben. Bei uns Zuhause gilt seit Urzeiten der Spruch: »Jetzt trinken wir erstmal in Ruhe Kaffee, gearbeitet ist dann schnell.« Mit dem Spruch ist meine Oma 88 geworden.

Regel Nummer zwei: Der Stollen ist stets kühl (nicht kühlschrankkalt) zu genießen. Kühl, weil sich das Aroma so besser im Munde entfaltet.

Regel Nummer drei: Die Scheibe sollte daumendick sein und die Puderzuckerkruste mindestens einen Zentimeter hoch auf dem Gebäck sich türmen. Warum, warum. Die gute Butter bindet den Zucker, sonst fliegt der Mist nämlich runter – und Sie müssten gleich nach der Kaffeetafel durchsaugen. Wollen Sie das?

Regel Nummer vier: Der Abbiss. Dieser erfolgt, indem man die daumendicke Stollenscheibe mitsamt dem Teller zum Munde führt oder sich mit dem Munde direkt zur Tischplatte bewegt. Achtung: im Moment des Abbisses nicht ausatmen, weil sonst der ganze Puderzuckermist wieder durch die Bude fliegt.

Regel Nummer fünf: Wenn Sie echten »Dresdner Christstollen« ›erwischt‹ haben – loben und preisen Sie ihn! Echter ist nur echt mit dem »Goldenen Stollensiegel« des Dresdner Schutzverbandes.

Regel Nummer sechs: **Stollen wird nie geditscht. Das ist eine Unverschämtheit. Stollen ist nass genug, Was geditscht ist? Fragen Sie keinen Arzt oder Apotheker. Fragen Sie einen Sachsen.**

Regel Nummer sieben: **Auf eine Scheibe Original Dresdner Christstollen wird keine Butter geschmiert. Das Zeug ist fettsch genug. Außerdem ist die Butter drinne und obendrauf auch noch einmal. Und weil wir grade bei den Belehrungen sind: Stollen wird auch nicht an Hühner verfüttert. Das wäre ungefähr so, als würden Sie Weizen verfeuern, um ein warmes Haus zu bekommen. So etwas machen nur Barbaren. An dem Beispiel sehen Sie: Wir Sachsen sind nicht nachtragend, aber wir vergessen auch nicht.**

Regel Nummer acht: **Nur große Stollen schmecken gut. Mindestens ein Vierpfünder. Begründung: Bitte kaufen Sie nur große Stollen, da in ihrem Leib alles aufgegangen und in den richtigen Proportionen zueinander liegt. Der Fachmann, oder wie wir Sachsen sagen: der »Experte«, spricht vom feinen Verhältnis zwischen Krume und Kruste. Niemand will jedoch einen »Eisenbahnerstollen« vertilgen. Eisenbahnerstollen? ... Jede Station eene Rosine. Die Rosinen aber müssen, schön getränkt in Arrak oder Rum – Achtung Stollenpoesie ... »flüstern«. Es geht nichts über einen »Flüsterstollen«, glauben Sie es mir. Wenn Sie in der Vorweihnachtszeit bei Ihrem Dresdner Bäcker einen Flüsterstollen verlangen, so verrät das höchste Kennerschaft.**

Regel Nummer neun: Die Aufbewahrung dieses edlen Gebäckes erfolgt in einer Kiste. Entweder in Metall oder aber Pappe. Auf jeden Fall aber immer schön eingeschlagen in ein Leinentuch wartet Ihr Stollen am liebsten in einer kühlen Umgebung: Balkon, Keller.

Regel Nummer zehn: Genuss heißt Gewinn. Als vorerst letzte goldene Regel sei noch einmal von mir definiert, betrachten Sie bitte auch das Genießen unseres Dresdner Christstollens als Gewinn (egal was er kostet). Natürlich. Wo Zeit Geld ist, gilt folglich auch der Umkehrschluss. Denn für Ihr Geld bekommen Sie Zeit. Zeit, in der Sie sich sächsisches Backhandwerk genüsslich einverleiben sollen.

Guten Appetit.
Von ganzem Herzen
Ihr Uwe Steimle

PARISER STOLLEN

Wissen Sie, warum Napoleon 1813 Dresden belagerte? Und schließlich hier einmarschierte? Richtig. Er war auf der Suche nach dem geheimen Stollenrezept. Er hat die Dresdner Bäckerinnung bekniet und belagert. Aber die haben nichts rausgerückt. Deshalb heißt's ja auch bis heute Dresdner Christstollen und eben nicht Pariser. Pariser Stollen. Furchtbar.

ZIESCHONGS STOLLENHISTORIE

Wenn jemand dumm geboren wird, dafür kann er nichts.

Aber wenn er dann auch noch dumm stirbt: Da muss er ganz schön blöde sein, sagt Günther Zieschong. Ein Sachse.
Ich hab ja früher, also noch vor der Kehre, jedes Jahr 24 Achtpfünder flächendeckend nach'm Westen exportiert. Das konnten wir uns aber nur leisten, weil wir von denen drüben die ganzen hochwertigen Ingredienzien sicher hatten. Verstehen Sie?
Sie schickten die Zutaten und wir haben was draus gemacht. Und so ging das vierzig Jahre.
Aber: Uns fragt ja keiner. Trotzdem: Schön, dass wir wieder einmal drüber gesprochen haben. Denn nur so erklärt sich, warum zur Weihnachtszeit in der DDR alle Päckel auf der Post die gleiche Form und Größe hatten. Und was stand meistens drauf? »Geschenksendung. Keine Handelsware.« Das war die perfekte Tarnung über 40 Jahre. Eigentlich hätte auf den Stollenpäckchen drauf stehen müssen: »Handelsware. Keine Geschenksendung.«
Einmal, da kam ja einer zurück. Ein Stollen! Ja, da hatte der Zoll die ganzen Rosinen rausgepickert. Da hab ich mich beschwert. Bei die inneren Organe. Nu. Wozu gibt's ein Päckelgeheimnis? … Dann musste ich mich entschuldigen, denn es war mein Fehler. Ich hatte aus Versehen den Mandelstollen als Rosinenstollen deklariert. Den hab ich dann postwendend der Nachbarin geschenkt. Die machte sich ja nichts draus. Also aus dem Stollen schon. Aber dass da nun keine Rosinen weiter drinne waren. Die hat ihn jedenfalls verschnabuliert. Wir ham was erlebt, die 40 Jahre. Und das kann mir keiner nehmen. Nun sollen die anderen mal ran. Die werden schon machen, das nischt wird.

DIE WIRKLICHE WAHRHEIT

Seit seiner Geburt ist der Stollen ein Sonderling. – Ja, ein Sonderling! In der Lausitz als Striezel erschienen, in der Mark als »die« Stolle, von der die Leipzscher heute noch zehren, als Stolle. Im Erzgebirge sagt man Weihnachtsstollen. Und die exakte wissenschaftliche Forschung bezeichnet unseren Stollen als ein Gebildbrot.

Es ist dieses schöne alte Wort »Gebildbrot«, das uns hineinführt in die Symbolik der täglichen Gebäcke. Wussten Sie, dass der runde Pfannkuchen, die verschlungene Brezel ihre Vorbilder in der heiligen Geschichte hatten? Da ist der Schwamm, mit dem Jesus am Kreuz getränkt wurde, und da die verschlungenen Fesseln, die er trug. Der Stollen ist aber nichts anderes als das in weiße Windeln gewickelte Christkind.

Wir dürfen davon ausgehen, dass in den geschützten und ruhigen Mauern des Klosters die Heimat für eben dieses Gebildbrot zu suchen ist.

Mönche verstanden sich darauf, gepfefferten Lebkuchen zu zaubern, Verzeihung, zu backen. Warum also sollte nicht auch unser gezuckertes Christkind wohl bei ihnen aufgehoben sein?

1329 wurden Naumburger Bäcker verpflichtet, dem Bischof Heinrich »zweyn lange Weizenstollen«, wozu ein halber Scheffel Weizenmehl verarbeitet wurde, ihm und seinem Hofe zu entrichten. Wobei bis heute nicht geklärt ist, ob Leipziger Scheffel oder Dresdner Scheffel. Oh, Sie! Da gibt es gewaltige Unterschiede. Ein Dresdner Scheffel waren 103 Liter. Ein Leipziger schon 138. Davon die Hälfte ist etwas völlig anderes, als vom Eibenstocker die Hälfte zu nehmen. Denn der betrug im Ganzen 233 Liter.

Bis Ende des 18. Jahrhunderts existierten allein in Sachsen 1050 Scheffelmaße.

Die Zinspflicht der Weiß- und Platzbäcker behielt ihre Gültigkeit bis in unsere Tage. Und sei es nur in Form der in Sachsen erfundenen Konsumtionsakzise. Heute uns bestens bekannt als Mehrwertsteuer. Zinsen aber sind Zwangsabgaben. Zins, der zehnte Teil. Nehmen Sie mal bitte heute Ihre zehnten Teile zusammen, die der Staat verdeckt oder unverdeckt, verschämt oder unverschämt sich einverleibt, also – Ihnen – aus den Rippen schneidet. Wir sind bei fast 70 Prozent, deswegen dürfen wir auf bis Mitte Juli für den Staat arbeiten. Und danach für uns. Also für unsere Stollen. Andererseits: Ohne die Zwangsabgaben auf den Stollen wäre der Freiberger Dom nie fertig geworden. Das Dekret des Papstes von 1491 bekundet dies: »Beim Stollen backen sei der zwanzigste Teil eines Goldgüldens zum Freiberger Dombau jährlich zu entrichten.« Oh, das war schon eine reiche Zeit, in der gegessen und zwangswillig gezinst und damit die Religion in »Stein lebendig« aufgebaut wurde. Ein jeder wusste, ob »Leipzscher Lerche«, »Meißner Fummel« oder billige »Mundsemmel«, das alles war nichts gegen Stollen, der sich eben nicht mit einfachem Mehl begnügte. Doppelt gesiebt sollte es sein. Allerfeinst. Dazu fette Butter und bestes Butterschmalz. Kein ranziges Öl. Da aber Fastenzeit herrschte, war auch die gute Butter verboten. Also machten sich Kurfürst Ernst und Bruder Albrecht auf die Strümpfe zum Heiligen Vater. Damit das Volk nicht lästig Bauchgrimmen erdulden musste. Beide kamen über Grimma zum Heiligen Stuhl. So. Oder so ähnlich. Sie empfahlen seiner Gewogenheit, die Butter für den Stollen während der Fastenzeit freizugeben. So kamen wir Sachsen zum päpstlichen Freibrief und zu einem Dom. Dem Freiberger. Unser Dresdner Christstollen geriet auf mancherlei Umwegen (manche behaupten über Potschappel – Rom) endgültig auf den Striezelmarkt.

Was, Sie haben noch nie etwas vom Meißner, Siebenlehner erbitterten Weiß- und Platzbäckerstreit gehört? Besser bekannt als »Siebenlehner Stollenkrieg«. Ja, das war 1615. Also drei Jahre vor dem »Dreißigjährigen Krieg«. Das Siebenlehner Gebäck war weithin rühmlichst bekannt. An manche Meißner Tür pochte die Siebenlehner Stollenfrau. Die Kiepe auf dem Rücken voller Gebäck. Die Meißner verschlossen daraufhin die Stadttore und ritten wenig später gen Siebenlehn, um die Stadt an drei Seiten gleichzeitig anzuzünden. Auch die Dresdner beschwerten sich 1663 beim Kurfürsten, dass die Siebenlehner große »Fuder Backwerks« nach Dresden schleppten. Daraufhin wurde verfügt, dass »ab sofort nur noch Dresdner Stollen hier auf dem Striezelmarkt verkauft werden dürfte«.

Ja, aber was ist »Echter Dresdner«? Ist es etwa der berühmte Torgauer? Im Schloss gebacken von Bäcker Heinrich Drasdow? 1457? Manch edle Zutaten waren nur aus der Apotheke zu beziehen. Im Schaufenster konnte man 1964 ein stolzes Bekennerschreiben anlässlich des 150jährigen Bestehens der Nachfahren vom Hofbäcker Drasdow lesen. Dort stand: »Noch eh die erste Eisenbahn durchbrauste kühn die Welt, hat Albert Drasdow in Torgau schon Stollen hergestellt.« Herrlich. Ja, es klappert e bissel. Aber der Mann war Bäcker. Nicht Dichter. Sein Stollen aber, der soll ein Gedicht gewesen sein. Und im 18. Jahrhundert gelangte dieses Geheimrezept nach Dresden. Die Dresdner popularisierten nicht nur den Stollen, nein, sie machten ihn zu ihrem eigenen. Man sagt, durch die nuschelige Aussprache der Dresdner wurde mit der Zeit aus Drasdow Dresdner.

Mir kann's wurscht sein, Hauptsache er schmeckt nie wie ein Naumburger.

Ja, ne, wir sind nicht nachtragend. Aber wir vergessen eben auch nischt.

Apropos vergessen: Wussten Sie schon, dass jährlich zwei Millionen echte Dresdner Christstollen gebacken werden? In einer dreistündigen Prüfung wird verkostet, beäugt, gewogen und gerochen und anschließend nach einem Punktesystem beurteilt. Der »Stollenschutzverband Dresden e.V.« vergibt sein heiß begehrtes Stollensiegel. Jedes Jahr. Und ist europaweit geschützt und ein Prädikat für höchste sächsische Backkunst.

ODE AN DIE BÄCKER

Nun ist aber die Zeit gekommen, wo Sie, liebe Leser, es sich einmal so richtig gemütlich machen sollen. Also: Latschen aus … Die Straßenschuhe bitte auszuziehen, denn jetzt wird die Kaffeetafel schön hergerichtet.

Sie dürfen gern die gute, gestärkte Damasttischdecke über den Tisch werfen. Was? Die ist nur gebügelt, nicht gemangelt? Macht nichts. Hauptsache ein kleines bissl Kultur. Schließlich heißen wir nicht umsonst Kaffeesachsen. Das liegt zum einen natürlich am »Guten Bohnenkaffee«. Ich betone am »guten«. Nicht das alte Kernmehl, von dem der Waggon einen Fuffzscher kostet, nein ordentliche Sachsen, also die, die was auf sich halten, trinken echten Bohnenkaffee, den sie auch selbst von Hand mahlen dürfen. Natürlich ist das mit Arbeit verbunden. Es kostet Zeit, aber die schmeckt man hinterher.

Ach, Sie haben auch so einen teuren Kaffeeautomaten, für über 500 Euro? Und was kostet Ihr Kaffee? Fast nischt?

Einfach mal drüber nachdenken, kostet ja nischt. Schon Peter Hille sagte: »Arbeit heißt bei sich selbst sein.« Wissen Sie, wie viel Arbeit in einem Dresdner Christstollen steckt? Die Dresdner Bäckerinnung hat sich auf ihre Fahnen geschrieben, und zwar für Sie:
Ausgezeichnetes Handwerk und auserlesene Zutaten ergeben ausgezeichnete Qualität.

Ohne Handarbeit würden die Stollen in sich zusammenfallen und nicht dieses weltweit einzigartige Aroma verströmen, von dem sie doch alle schwärmen. Ein Aroma, dem Marzipan gleich, in jedem Fall aber bestehend aus Butter, Vanille und Mandel (bitter und süß). Mehr Gerüche kann Ihre Nase auf einmal sowieso nicht erriechen. Stollen ist ein gebackenes Bekenntnis zum Leben.

Und das liegt vielleicht auch mit an dem einen Tropfen Schweiß, der unwillkürlich von der Stirn des Bäckers hinein in den wunderbaren Stollenteil stolpert. Nicht symbolisch, nein echt. In diesem einen Tropfen Schweiß steckt die ganze Kraft, Leidenschaft und Liebe des sächsischen Bäckerhandwerks.

Sie müssten sehen, wie der Teig malträtiert wird! Er wird gedrückt und geschlagen, ausgerollt und gefaltet – und das so von Hand Gemengte braucht dann Zeit, muss stehen, muss gehen. Und in den Teig kommen immer nur Zutaten und keine Cerealien. Auch dafür sei der Zunft gedankt.

SÄCHSISCHE KAFFEETAFEL

In der Zwischenzeit dürften Sie aber auch fertig sein mit dem Kaffee mahlen von Hand. Was, Ihnen tun die Knie weh? Nur noch die nächsten fünf Mal, dann geht das in Fleisch und

Blut über. Ach, bei Ihnen hat sich gerade auch ein Tropfen Schweiß gebildet? Glückwunsch! Tropfen lassen.

Früher, also zu der Zeit, wo ich och noch nicht gelebt hab, 14hundert Äppelstücke, da war ja unser Dresdner Christstollen noch ein Grundnahrungsmittel. Jajaja: Wasser und Mehl hießen die Zutaten. Man nannte ihn ja auch den Leib Christi. Von wegen der Form. Das eingeschlagene Linnen für die Frucht Gottes. Sehen Sie, Sie erinnern sich. Und dann gab es da noch das Dekret über die Butter. Natürlich. Damals, kurz nach dem Mittelalter, hatte der Papst die gute Butter zur Weihnachtszeit verboten. Damit sich die Leute nicht so die Wänste vollhauen und dann vielleicht an Völlerei zugrunde gehen an Weihnachten.

So etwas wäre auch heute noch sinnvoll. Ein AOK–Papst, der auf die weltlichen Hüllen seiner Schäfchen achtet, sozusagen im Auftrag des Herrn. Und die Bunderegierung unterstützt die Volksschlankheitskur unter dem Motto: Glauben heißt … fast nichts essen.

STOLLEN FÜR DIE WELT

Die reichhaltigen Stollen aber, dies schwere Gebäck, wird versteigert. Unter dem Motto: »Stollen für die Welt.« Was, das gibt es nicht, das ist ausgedacht? Oh nein. Alljährlich auf dem Dresdner Striezelmarkt, dem ältesten Weihnachtsmarkt Deutschlands, wird seit 1993 wieder ein Dresdner Riesenstollen von wahrhaft biblischem Ausmaß und Gewicht unter das Volk gebracht.

Erst letztes Jahr hörte ich auf dem Striezelmarkt einen Herrn Günther Zieschong rufen: »Von dem herrlichen Dreitonnenstriezel, da dätsch mir gerne noch mal s Ränftl in den Glühwein ditschen.« Wenn mersch nicht wüsste … Das klingt doch fast wie Englisch, oder? Nicht in feinem Dresdner Sächsisch, sondern hochdeutsch würde der fromme Wunsch lauten: »Von dem herrlichen Dreitonnengebäck würde ich mir gerne noch einmal den Kanten in den Glühwein tunken.« Klingt das nicht furchtbar? Das kann doch gar nicht schmecken! Und deswegen sagen wir echten Dresdner: »Von dem herrlichen Dreitonnenstriezel da dätsch mir gerne noch ma s Ränftl in den Glühwein ditschen.« Für mich ist das Musik. Und mal ganz unter uns: Bestimmte Sachen kann man auch nur im Dialekt denken. Hochdeutsch denken, da fällt mir bald nischt mehr ein.

Aber wir schweifen nicht ab, wir fassen zusammen. Alljährlich geht auf dem Dresdner Striezelmarkt ein Dreitonnenstollen sozusagen für die Ladentafel. Der Erlös kommt Hilfsbedürftigen zugute. Man kann also mit Fug und Recht sagen: In Dresden hat das Bäckerhandwerk noch goldenen Boden. Mehr noch: Hier geht der Glaube durch den Magen. Der Leib Christi wird schmackhaft gemacht. Bitte probieren Sie jetzt selbst. Und? Und? Und? Ist das nicht ein himmlischer Leichenschmaus? Sage noch einer, wir Sachsen seien nicht religiös.

GOLDENE STOLLENREGELN II

Apropos Glauben. Glauben Sie etwa, ich begnüge mich mit zehn goldenen Stollenregeln?

Goldene Stollenregel Nummer elf: **Stollenscheiben werden nicht (!) mit der Brotschneidemaschine geschnitten. Mit einem Stollenmesser führen Sie stattdessen eine sanfte Wie-**

gebewegung aus und drücken sich eine daumendicke Scheibe ab.

Goldene Stollenregel Nummer zwölf: Stollen wird nie mit der Kuchengabel gegessen. Günstiger ist es, die Finger zu nehmen.

ZEITHAINER LUSTLAGER

Direkt günstig war der Zeithainer Riesenstollen aus dem Jahre 1730 gewiss auch nicht. Der beliebte und berühmte, natürlich sächsische Bäckermeister Johann Andreas Zacharias schuf diesen erstmals für seinen Landesfürsten, unseren August. 1,8 Tonnen wog das schmackhafte Ungetüm, und es heißt, sogar Preußen seien davon satt geworden. Mehr noch: Sie ließen sich ihn munden.

August der Starke, Kurfürst von Sachsen und König von Polen, ließ bei Zeithain ein Militärmanöver veranstalten, an dem 30.000 Soldaten teilnahmen. Graf Wackerbarth muss die Hände über dem Kopf zusammengeschlagen haben. »Was das alles kostet!« Doch tröstete August nicht nur ihn, sondern auch den Preußenkönig Friedrich Wilhelm den I. mit dem legendären Satz: »Schau, Wackerbarth, wenn der Preuße einen Taler einnimmt, so tut er diesen zu den übrigen. Wenn ich einen Taler erhalte, so gebe ich ihn aus. So kehrt er dreimal zu mir zurück.«

Alles klar? Wie weit sind sie denn nun mit ihrem Kaffee? Was, schon gekocht und durchgeloofen ist er auch schon? Fein! Oh! Ja! Ich hör ihn riechen. Zusammen mit Ihrem einzigartigen Vierpfünder ist das ein regelrechtes Lustlager! Vorwärts! Zum Anschnitt!

Das Zeithainer Militärmanöver 1730 ging übrigens ein in die sächsische Geschichte als Zeithainer Lustlager. Mein Gott, was müssen das für Zeiten gewesen sein, in denen »Krieg spielen« Lust bereitete. Aber da ging's eben um Lust, nicht um Beute.

VOM HUNDERTSTEN INS ZWEITAUSENDSTE

Höchste Ausbeute von ihrem Kaffee erzielte die Frau Melitta Benz aus Dresden vom »Wilden Mann«, als sie ihren Kaffee kochte. Mittels eines Papierblattes, dem Filter, gab sie ihrem Kaffee Zeit und damit mehr Geschmack. Das ist Zeitgeschmack. So viel Kultur auf einen Haufen kriegen Sie sonst nirgendwo geboten! Und weil uns Kaffee– und Stollenduft so schön zu Koppe steigt, kann ich's Ihnen ja sagen. Aber das bleibt unter uns:
»Wem die Gnade vergönnt, in Dresden geboren zu sein, der möchte doch nie mehr von dieser Erde gehen.«
Das verdanken wir vor allem unseren Altvorderen, die mit Gespür, Lust und Verstand ein einzigartiges, lebensbejahendes Zuhause schufen. Dresden wuchs über Jahrhunderte und es ist das geniale Verständnis und Einfühlungsvermögen für die wunderbare Landschaft gewesen, »Nie gegen den Strom« hieß schon August des Starken Devise. Seit dem Barock sind die Elbauen unbebaut. Also bitte: Keine Brücke! Das sind wir den Wettinern schuldig.
Und diese ganze Investorenarchitektur kann nur von Menschen ersonnen sein, denen Schönheit schon in früher Kindheit zum Feind erklärt wurde. Es ist bitter und tut zuweilen weh. Aber meist kommen die Überstülper auch gar nicht von hier. Wurzellos, fremd und kühl.

Die gigantische Stahlsteele mitten auf dem Postplatz, die die Käseglocke erdrückt, heißt schon heute im Volksmund treffend der »Pranger«. Und raten Sie mal, für wen der reserviert ist? Und wenn die 'ne Woche dort gestanden ham, geht's glei nebenan unter die Dusche. 33.000 Euro hat die gekostet, die Dusche. Nun rechnen Sie das mal in Stollen um.

Derartig gesäubert und geläutert gebe man diesem Nichtdresdner Bürgermeister einen Stollen mit auf den Weg.

Und da wir grad beim Thema sind, kommen wir zur Bebauung unseres Neumarktes. Was das mit dem Dresdner Stollen zu tun hat? Eine ganze Menge. Bitte aufpassen. Wenn etwas perfekt ist, braucht man es nicht neu zu erfinden. Dresdner Stollen ist perfekt!

Und der Dresdner Neumarkt? Fast! Fast! Viel mehr möchte da gar nicht mehr hin… Sonst sieht's ja wieder aus wie vor dem Krieg. Das wird zu enge! Und wo soll die Schlange von vor der Frauenkirche hin? Ach, die soll sich wahrscheinlich um die neue Kaufhalle wickeln.

Wissen Sie, was der Dresdner dazu sagt: »Na ja, Barock ist es ni.«

Von Ferne erinnert der Entwurf an eine schon vor zwanzig Jahren nicht genehmigte Stuttgarter Kaufhalle.

Uns wird der nun solange schmackhaft gemacht, bis wir den fressen. Aber wir fressen den nicht. Nicht einmal den Entwurf. Wir haben überhaupt gar nichts gegen moderne Architektur. Aber dann wirklich modern. Hätte man uns die neue Kaufhalle in Form eines Christstollens präsentiert, wir nähmen sie zum Fressen gern. Global. Regional. Kolossal. Scheißegal.

Über dem Eingang sehe ich schon leuchtend die Überschrift:

»Weihnachten ohne Stollen ist wie eine Ehe ohne Liebe.«

Unser Dresdner Christstollen wird nie globalisierbar sein. Nur umgekehrt wird ein Schuh draus. Wir holen die Welt in den Stollen, und dann schicken wir ihn wieder hinaus in alle Welt. Natürlich verfeinert! Durch Handwerkerfleiß veredelt. Weil wir grad beim Thema sind: Bei meinem Bäcker gab es bis vor kurzem die wunderbaren Kräppelchen. Sie wissen schon, so ne Quarkmasse mit bar Rosinen drinne, dann wird das Ganze frittiert. Bissel Puderzucker drüber und dann ab in de Düte. Sind ungefähr so groß wie ä Bällchen. Und grade jetzt, wenn's wieder kalt wird, steht mer draußen und ab damit, weil se ehm bloß so groß sind.

So. Jetzt komm ich aber nach Nürnberg und Erlangen, da heißen die schon mal Krapfen ... Also völlig unerotisch. Kräppelchen. Und dann sehn se die ganzen Menschen, wie se ihre Hauer ins Backwerk schlagen. Der Raffsandschani. Der ganze Puderzucker kommt offen Kaschmirzwirn, die zugsche Luft of de Bronchien, dann sind se krank und mir hier bezahln das alles mit. Nur?, s is do so.

Warum die lange Einlaufkurve? Die einstmals von mir so geliebten Kräppelchen heißen heute bei meinem Bäcker Quarkinis! Das ist doch furschtbar. Und dann noch in Dlammern: mediterran!

Ich hätte gern 12 Wellnesssemmeln, kross. Wie hieß es früher? Richtig! Knusprig. Und acht Quarkinis medideran. Verstehen Se, wenn das in Erlangen passiert, is mir das doch ... Aber hier bei uns, im eischnen Land. Vorm Hauptbahnhof ... hier in Dresden gab es bis vor kurzem, ich schwöre! einen Stand: Sachsendöner. Es wird ni mer lange dauern, da gibt's Dürkeneierschecke.

Jetzt ist es wieder Zeit, eine nächste Scheibe Stollen zu essen. Und dabei erkläre ich Ihnen den Unterschied zwischen geschlagen und gerissen.

Wenn der Stollenteig als Laib vor dem Bäcker liegt, also kurz bevor er in den Ofen einfährt, entscheidet der Meister: gerissen oder geschlagen. Gerissen bedeutet: Der Bäckermeister setzt kurz das Messer in die Oberseite des Laibes. Des Stollens. Nicht allzu tief, nicht zu lang. Nur so, dass der dann gebackene ordentlich aufreißt und genügend Butter aufnehmen kann. Beim Buttern und Zuckern. Insidertipp: Doppelt gebuttert, doppelt gezuckert schmeckt doppelt so gut. Geschlagen ist einmal von Hand umgeschlagen. Ist zulässig, sieht aber nach nischt aus und nimmt nicht halb so viel Butter auf.

Ich muss noch einmal auf die Stuttgarter Kaufhalle zurückkommen. Ne, ich lass es bleiben. Eins ist natürlich klar. Wenn die Stuttgarter Kaufhalle wirklich kommt, dann erhält Dresden seinen Welterbetitel zurück. Also Augen zu und durch. Genau. Tun Sie so, als ob Sie das alles gar nicht sehen würden. Wir gucken dort einfach gar nicht hin.

Hier nun die *Goldene Stollenregel Nummer dreizehn:* Wer Geschmack hat, möge ihn sich erhalten. Wer noch keinen hat, esse eine Scheibe Dresdner Christstollen. Doch, der Geschmack kommt. Und wer keinen Geschmack hat, dem nützt auch kein Stollen.

Der Spruch der Zisterzienser-Mönche lautet: »ora et labora«. Bete und arbeite. Da unser geliebtes Sachsen aber noch nie so richtig streng katholisch war, haben wir hier für uns den Spruch ein bisschen umgekehrt in: Arbeite und bete. Ja. Wenn der letzte Stollen in der Vorweihnachtszeit gebacken ist (begonnen mit dem Backen wird schon Ende September), nehmen die Bäcker ihre Mützen ab. Sie schweigen in Andacht. Auch wegen des über meist Generationen weitergegebenen und geheimen Familienrezepts. Das wird gehütet. Die Stollen sind gelungen, die schwere körperliche

Arbeit für ein Jahr. Es ist schön, dass es etwas auf dieser Welt eben nicht das ganze Jahr über gibt. Erst wenn es wieder kalt wird, braucht man seinen Stollen. Weil er wärmt. Auch an den Hüften. Da vor allem. *Goldene Stollenregel Nummer vierzehn:* In Dresden heißt es Stollen, in Leipzig Stolle. Weil, die in Leipzig, die hams nicht so dicke. Deswegen hört's nach dem »e« schon auf.
Ob Putin, Dalai Lama oder Queen – ein jeder kennt ihn, isst ihn und lobpreiset ihn. Ihn. Den ihn.

ALLE BÄCKER SIND MEINE FREUNDE

Seit ich essen kann, äh denken kann, reise ich in ganz Dresden umher, überprüfe, erforsche und verkoste ich meine Heimatstadt. Ohne anzugeben, tue ich hiermit kund, dass ich ein Freund der Bäcker bin. Und, jetzt passen Sie mal auf, wie ich mich auskenne ...

Den besten Sahnekuchen der ganzen Stadt machte der Erwin aus Gittersee. Die beste Eierschecke bäckt meine Frau. Die beste Buttereiche gibt's in der Bäckerei am Wasaplatz. Allerbestes Schrotbrot liefert die Bäckerei Schmidt in Potschappel, wobei ich sagen muss, auch sein Mohnstollen ist Weltniveau. Köstlichsten Bienenstich hole ich nur bei Uhligs am »Nürnberger Ei«. Bei Semmeln kann ich mich schwer entscheiden, ob nun Klinkigt oder Gehre. Beide. Nun aber zur Rätselnuss in Sachen Weißbrot: »Gegen Matzker ist Morenz nur ein Heller.« Sie sehen, ich habe den ganzen Tag zu tun.

Mein Mann in punkto Stollen aber ist Gerhard Wehner in Oberpoyritz. Gleich hinter Pillnitz, Richtung Graupa naus. Linkerhand. Durch Zufall entdeckte ich diesen wunderbaren Bäcker mit seinem einzigartigen Stollen. Der Laden ist klein und glänzt durch Originalität. Ein Laden ohne Schnickschnack. Erwin Strittmatter hätte seine helle Freude daran gehabt. Gleich beim Eintritt läutet die Glocke und verkündet Kundschaft.

Nun eilt gemächlichen Schrittes Frau Wehner herbei und scheint mir am glücklichsten zu sein, wenn sie nichts mehr zu verkaufen hat. Auf meine Frage: »Haben Sie noch Semmeln?«, erhellt sich ihr Gesicht: »Alle alle.« Da war's grade dreiviertel elf. Frau Wehner erklärte mir: »Also bei schlechtem Wetter sind die Semmeln früh alle. Wenn schönes Wetter ist, brauchen Sie erst dreiviertel elf aufstehen, wenn Sie nur Semmeln holen wollen und sonst nichts weiter vorhaben.« Und was das für Semmeln sind, ich sehe schon von weitem, dass die schmecken. Sie sind nicht zu groß, haben wenig Luft.

Apropos Luft: Wir Sachsen hätten schon 1989, also gleich nach der Kehre, merken können, ja merken müssen, was da auf uns zukommt. Und zwar nur anhand der Semmeln, die da zu uns rüberschwappten. Wir hätten von den Westsemmeln direkt auf das ganze System schließen können: Luft. Unglaublich viel Luft.

Heute kann man es ja sagen: Wir waren unter den Kommunisten gezwungen, richtige Semmeln zu essen. Ich muss noch erwähnen, dass Bäckermeister Wehner mit dem letzten in Dresden verbliebenen Altdeutschen Backofen bäckt. Der wird noch mit Kohle gefeuert und ich behaupte: Ich schmecke das.

Als ich nach einiger Zeit, Bäcker sind vorsichtig, das erste Mal seine Backstube betreten durfte, war es wie in Kindertagen. Dasselbe Gefühl übermannte mich. Freude und Dankbarkeit. Aus Trachau kommend, erlebte ich hier beim Graupabäcker das erdenleichte Gefühl von Dasein.

Gleich würden wir ein Foto machen für mein Stollenhörbuch mit Schornsteinfeger und Bäcker vor dem Ofen. Schwarz und weiß. Oben und unten. Einander brauchend, durch Wärme verbunden. Und als dann Bäckermeister Wehner den Stollenteig knetete, war es, als flögen seine Hände über den Teig. Waren da nicht gerade vier Hände? Der Teig wurde schwerelos und hüpfte über den buttergetränkten Holzbacktisch. Und mein Herz hüpfte mit. So leicht kann es sein, das Erdendasein. Beim Bäcker Wehner, gleich hinter Pillnitz. Rechterhand, ne Linkerhand. Ich wusste, Sie kennen ihn alle.

Ein Original Dresdner Stollenrezept

Vielleicht ist es sogar »das« Stollenrezept, jedenfalls kennen Bäckermeister Wehner aus Oberpoyritz und sein Geselle (ich) kein besseres. Das Beste ist gerade gut genug, es Ihnen zuzueignen.

Das Familienrezept basiert auf mündlicher Überlieferung, wurde über Generationen weitervererbt. Nun gelangt es an ihr Herz und in ihre Weihnachtsstube.

Stollen bedeutet Heimat. Stollen sollte unbedingt zum Weltkulturerbe ernannt werden.

Bitte nehmen Sie zuerst eine Metze Mehl. Sie wissen, eine Metze entspricht 8 Pfund, also 4 Kilogramm. Diese 4000 Gramm (je nach Küchenwaageanzeige) sind der Grundstock. Ohne Mehl geht nichts.

Außer Mehl stellen Sie bitte 2 Kilogramm Butter bereit. Sie haben richtig gelesen, bitte kaufen Sie beste Fettigkeit, also »gute« Butter, die schlechten Jahre mit Tran im Stollen sind vorbei. 800 Gramm Zucker.

Legen Sie an einem gemütlichen Herbstabend, kurz vor der Stollenaktion, 2 Kilogramm gewaschene Rosinen in ungefähr einen halben Liter Rum ein. Jamaikarum, Kubarum können es sein, braun muss er sein.

250 Gramm Hefe sollten im Haus sein sowie 50 Gramm Salz.

Ziehen Sie von einem Kilogramm süßen Mandeln die Schale ab, ebenso von 150 Gramm bitteren Mandeln und mahlen Sie diese fein!

Sie benötigen von 2 Zitronen die abgeriebene Schale.

200 Gramm Orangeat und 500– 700 Zitronat, bitte klein-

hacken, die angebotene Ware ist oft noch zu grob, da arbeiten Sie bitte etwas nach.

2 Liter warme Milch (3,5 %) benötigen Sie und zur Würze des Stollens eine Vanilleschote oder Aroma oder Vanillinzucker, also so wie sonst backen und von der Macisblüte 5 Gramm oder eben zwei Prisen.

DIE SCHRITTE:
250g Hefe mit etwas warmer Milch und etwas Mehl ansetzen und circa eine Stunde gehen lassen. Wenn der Vorteig bereit ist, das sehen Sie daran, dass er bei Berührung zusammenfällt, bereiten Sie den Teig.
Butter, Zucker, Salz, Zitronenschale, Macisblüte und Vanille werden mit dem restlichen Mehl gegeben und diese Mischung kommt zum Vorteig. Alles schön kneten, schlückchenweise warme Milch dazugeben. Die besoffenen Rosinen und die gemahlenen Mandeln gehören jetzt in den Teig, ebenso Orangeat und Zitronat.
Lassen Sie den Teig nach der gründlichen Kneterei 30 bis 40 Minuten ruhen.
Jetzt formen Sie die Stollen. 1 Kilogramm oder 2 Kilogramm schwer sollten diese sein. Der Stollenteig muss jetzt noch einmal 15 Minuten ruhen.
Heizen Sie den Backofen auf 160 Grad. Beim Backen sollte ein Wassertöpfchen mit im Herd stehen.
Bevor Sie den Teig in den Ofen schieben, ritzen Sie die obere Seite mehrfach ein. Die Goldene Stollenregel Nr. 1 besagt: Gerissene Stollen nehmen Zucker und Butter besser auf. Und: Doppelt gebuttert und doppelt gezuckert, schmeckt doppelt gut.
Backen Sie den Teig 45 bis 60 Minuten.

Annäherung ans Nachwort

Es soll auf Sizilien 27.000 Förster geben. Auf Sizilien gibt es aber keinen Wald.

Bei einem Förster könnten wir sagen: Gut, lassen wir den einen leben, vielleicht findet er mal einen Baum.

Über 100 Förster würden wir zahlenden Europäer murren, von wegen clever und ganz schön gerissen. Aber 27.000 Staatsbedienstete? Irgendwer sieht da den Wald vor lauter Förstern nicht. Völlig unbegreiflich und irrsinnig aber ist, dass das über Jahre hinweg keinem Verantwortlichen auffällt. Wie auch.

Haben Sie jemals auf Sizilien einen Förster bei der Arbeit beobachtet?

Nachwort

Was? Sie haben kein Beispiel für Globalisierung zur Hand? Auf Grönland verkaufen Philippinos Moschusochsenburger und Kartoffeln werden dort mittlerweile auch angebaut. Mein Vietnamese um die Ecke hat seit gestern »Deutsche Bananen« im Angebot und auf unserem traditionsreichen Schillerplatz, am Fuße des »Blauen Wunder«, erwartet uns neuerdings »Wildschweinschinken aus der Hirschkeule«. Guten Appetit!

Es gibt kein Heute ohne das Gestern, keine Zukunft ohne Vergangenheit. Dass die Welt jetzt so ist, wie sie ist, liegt an der Mittelmäßigkeit der Verhältnisse, also an der Verhältnismäßigkeit der Mittel.

Klimaerwärmung führt zur Energieeinsparung. Oder aber zur Flut. Natürlich, was dachten Sie denn ... Wurscht. Alles ein- und dasselbe.

»Wo wird das enden?«, fragen wir uns.

Im Nichts. Was aber nicht heißt, dass Nichts ein Ende hat.

Sie merken, liebe Leserinnen, man schreibt neuerdings nur noch von »innen«, da sind aber auch die Männer eingeschlossen. Das ist Emanzipation für Fortgeschrittene.

Eingeschlossene Männer künden jetzt vom Nachwort. Was danach kommt, weiß ich nicht: ein Nachtwort, Machtwort. Keinesfalls endet dieses Buch ohne Danksagung.

Ich will ein besonderes Nachwort. Ich hasse Langeweile, weil ich sie liebe. Ohne Langeweile wäre dies Aufschreiben nie zustande gekommen, es war die Zeit, die mir gestattete, ein Jahr lang mich erinnern zu dürfen, um Sie alle mit auf die Reise nehmen zu können. Allein dafür, dass Sie im Buch blättern und stöbern, dass Sie innehalten oder verschlingen, dafür bedanke ich mich bei Ihnen. Tragen Sie die Fackel weiter.

Geben Sie niemandem das Stollenrezept, soll sich jeder sein Buch selbst kaufen. Sie haben auch den vollen Preis hingeblättert. Was nichts kostet, ist nichts wert. Stimmt nicht ganz, Licht, Luft und Liebe sind kostenlos, sollten es sein. Ich verabschiede mich von Ihnen mit den besten Wünschen für Ihr Wohlbefinden. Bleiben Sie gesund, oder werden Sie es wieder. Kämpfen Sie, wo es sich zu kämpfen lohnt. Und gehen Sie bitte zur Darmvorsorge, Sie wissen: Alles hat ein Ende, nur die ... Und das soll noch lange so bleiben.

Ich danke ausdrücklich für das Zustandekommen dieses Almanachs der Zeitgeschichte. An erster Stelle: Sylvia Meißner, danach Jürgen Sommerfeld, ich danke den Bäckersleuten, meinen Freunden Renate und Gerhard Wehner aus Oberpoyritz, Stanka und Walter Niklaus, Hans–Ludwig Böhme, der Galerie Fischer aus Berlin, meinen Töchtern Katja und Nina, Familie Teetz aus Börnchen, Jörg Mickan, Anita Schlosser und dem Maxener Gasthof sowie Thomas Schmitz.

Dank auch an: Vera und Klaus Küchenmeister, Puppe Sylvia und Heiner, Fuchs und Elster und meinem großen Vorbild seit sehr langer Zeit, an Stefan Zweig.

Dieses Buch entstand zu Ehren Curt Querners.

»SICH SELBST ANZUGEHÖREN IST DER EINZIG ERSTREBENSWERTE LUXUS AUF DIESER WELT.«

Theodor Fontane

Bildnachweis Curt Querner

Bauernmädchen Herta Mickan, 1943; Aquarell über Graphit; 40,5 x 33,5 cm; signiert und datiert; WVZ: Dittrich B 173.

Gasse, 7.3.1963; Aquarell; 64,8 x 47,2 cm.

Selbstbildnis, 1946; Aquarell; 32,5 x 25,0 cm; signiert und datiert; WVZ: Dittrich B 243.

Karsdorf mit Kipse im Herbst, 1951; Aquarell; 45,5 x 50,5 cm; signiert und datiert; WVZ: Dittrich B 361.

Liegender Akt, 28.09.1968; Aquarell; 27,0 x 68,0 cm.

Kinderkarneval im Erzgebirge, 1939; Aquarell; 53,0 x 67,5 cm; signiert und datiert; WVZ: Dittrich B 128.

Graues Gehöft im Winter, 19.2.1963; Aquarell; 48,0 x 66,0 cm; signiert und datiert; WVZ: Dittrich B 1256.

Herbstlandschaft, 1959; Aquarell; 48,3 x 66,2 cm; signiert und datiert; rücks.»Dezemberabend in Karsdorf«.

Alle Bilder © VG Bild-Kunst, Bonn 2013.
Fotos: © Hans-Ludwig Böhme.

Leseprobe: Laternenanzünder

Auf Seehundschweißpuderfußbettschuhen robbte ich durchs Gausgässel, vorbei am Laternenanzünder. »Wie bitte?«, werden jetzt hoffentlich viele aufmerksame Leser fragen. »Laternenanzünder?« Aber ja, das war sogar ein Beruf! Ein Mann mit einer am oberen Ende leicht gebogenen Stange fuhr auf dem Fahrrad und machte die Gaslaternen entweder an oder aus. Ein Artist war das! Jeden Morgen gab dieser Laternenanzünder mir zu Ehren eine Extravorstellung. Bestimmt kam er gerade von der Nachtvorstellung aus dem Zirkus, denn was ich da jeden Morgen geboten bekam, war Artistik der Spitzenklasse. Der Mann stieg ja nicht mal ab von seinem Diamantdrahtesel. Einem Lanzenkämpfer gleich näherte er sich zielstrebig den alten Dresdner Gasfunzeln, und schwuppdiwupp hakte er den Ring der Glühstrümpfe ein und aus, und er traf diesen immer. Wie er das Zauberkunststück fertigbrachte, ohne den Ring zu verfehlen, ohne im Ring zu verkeilen oder gar zu stürzen, blieb sein Geheimnis. Wie gesagt: ein Zauberer ... von Ost.

»Was hab' ich doch für ein großes Glück, in so einer Stadt leben zu dürfen«, dachte ich nicht ohne Stolz. Wie reich musste Dresden sein!

Wo sonst können Kinder Zirkusartisten als Laternenanzünder bewundern?

Und was das für ein Licht war! Ich taufte es später das »Dresdner Gaslaternenfunzellicht«. Weich, unendlich weich war das, und man konnte das Licht hören. Ja, ganz weich rauschte das Gas über die Glühstrümpfe und tauchte Dresden in ein zärtlich-freundliches Quittenlicht. Die Stadt träumte eigentlich immer vor sich hin.

Manchmal war es schon taghell, und die Laternen brannten immer noch, vielleicht weil der Artist verschlafen hatte? Laternenanzünder, das wollte ich später auch einmal werden, ein Artist sein und Licht in das Dunkel bringen.

Lesen Sie weiter …
und kaufen Sie jetzt!

Uwe Steimle
MEINE OMA, MARX UND JESUS CHRISTUS
Aus dem Leben eines Ostalgikers
mit Audio-CD
ISBN 978-3-579-06648-6